STAND TALL

足以自豪

新雅文化事業有限公司
www.sunya.com.hk

U0060910

推薦序

「境隨心轉」的典範

　　坊間有不少勵志的好書，有些還上過暢銷書榜。勵志書的流通，說明了我們的人生路其實並不平坦。我們有時會遇上一些困難或障礙，因此需要為自己打打氣、加加油，偶爾給自己一點鼓勵。有些勵志書還會引述個人經過奮鬥而克服障礙、走出困境的成功例子。例如海倫・凱勒的《假如給我三天光明》，與及力克・胡哲的《人生不設限》，都是非常感人、非常勵志的好書。打從今天開始，我們可以在這張經典的勵志書單上加上楊小芳的《足以自豪》，因為它不單是本勵志的好書，它同時亦能讓人對自己的生命、對自己的生活態度有所反思、有所啟迪。

　　小芳以堅毅的意志，克服種種困難和障礙；這當然足以令人肅然起敬、讓人感動不已。但更難得的是：正如張懿芳女士所說的，小芳「口中沒有逆境或苦差，只有愜意及樂事，所有的事都好似是理所當然的。」* 小芳從不自怨自艾，一點都不覺得苦，也不覺得自己如何偉大和了不起。她儘管身殘，心可一點都不殘。她有很高的情緒智商（EQ）和正能量，認為面前儘管有重重困難和障礙，但「其實只要換另一個角度，事情發展便會完全不同。」人的煩惱，往往是由於自己的心受外境所牽制及影響，即「心隨境轉」。假如自己有個充滿喜悅自在的心，就會有足夠的正能量去影響外境，讓事情朝更好的方向走。這就是「境隨心轉」。小芳毫無疑問是個「境隨心轉」的好例子。她「明白到，與人相處，要懂得從好的方面看，即

---

* 見頁 6，張懿芳推薦序。

2

使是微不足道的，其實都是這個人的優點，我們要懂得去欣賞，尤其是對家人，畢竟和平共處及和諧的氣氛十分重要。」

小芳心中的富足和快樂自在，也源於她有個知足常樂和感恩的心。她既感恩家人的眷愛，亦感恩美術教師陳慧老師的悉心教導和栽培。老師每次都蹲在地上教她，頗為辛苦。小芳為此心痛老師，想到「老師這樣為我付出，我以後要怎樣報答她？老師除了用心教我，還在用生命在教我。」

這份感恩的心，讓她也在能力範圍之內去盡力幫助別人、照顧別人。語云：助人為快樂之本。這份助人的善心，也為小芳的心間帶來了不少的平安善樂，讓她體會到「施比受更為有福」的道理。小芳儘管年紀還輕，但她的生活態度和正能量，都值得我們好好地去反思，好好地去學習。

香港大學專業進修學院院長

李焯芬

二〇一四年四月

推薦序

為生命畫出彩虹

很榮幸能獲邀為小芳的書刊撰寫序言。

認識小芳是在二〇一二年,當時她獲《香港展能藝術會》提名,參與本會的「第二屆張永賢律師奮進獎學金」*。在評選會面中,小芳坦誠的分享,讓評判們對於她如何面對生命的挑戰深受感動。

楊小芳,表面看似是一個簡單名字,然而,生命於她來說卻是殊不簡單。小芳9歲因意外失去雙臂,雖是小小人兒已經歷過十多次手術。這樣的經歷,不單沒有令她活在灰暗中,反讓她學會接受失去,塑造成堅毅奮進,敢於面對生命挑戰的勇士。

現時的小芳,是一位文武雙全的年青人,既曾參與「香港三項鐵人挑戰賽」、「渣打馬拉松」、「健力士游泳慈善日」等挑戰體能及耐力的競技項目,獲取獎項;更憑着熱愛的藝術突破自己,以腳代手去繪畫出一幅接一幅的美麗和獲獎的畫作。對一般人來說,要寫得一手好書法、畫一幅出色畫作,並非易事。對於沒有雙臂的小芳,努力不懈的鍛煉固然重要,其令人驚歎的天賦、堅毅意志、勇於嘗試及永不放棄的精神,實在教人欽佩不已。

---

* 香港小童群益會為紀念前執行委員會主席張永賢律師,於二〇一一年設立「張永賢律師奮進獎學金」,每年由甄選委員會選出15位傑出表現的兒童及青少年,表揚其對個人奮進及逆境自強所作出的努力、並在創意精神、社會服務等各方面的傑出表現。張律師於本會服務四十多年,領導本會透過多元化及專業的服務,協助數以百萬計的兒童、青少年及家庭。

　　不止於此，小芳的創意才能及服務社羣的愛心，亦讓身邊人為之動容，她明白及體會到傷健人士在日常生活中的不便，特別以「通用設計」的原則設計適合殘疾人士使用的產品，更於二〇一二年在「全港中學生傷健共融殘疾人士輔助器材設計比賽」中獲取亞軍。

　　小芳的生命確實可以有着遺憾及不足，但憑着她堅毅奮進的意志及對生命的熱誠，卻為自己的生命畫出彩虹。以一幅充滿色彩、鼓舞人生的美麗圖畫，或是一場充滿挑戰、激勵人心的競技賽事去形容她的生命，實不為過。縱使沒有雙臂，看似身處逆境，小芳仍持續努力學習、鍛煉與堅持，不斷為其人生創造奇跡、追尋夢想，評判們均被她進取積極的態度深被感動，此亦貫徹了張永賢律師的奮進精神。

　　回望現今社會中，香港年青人於成長路上亦會遇上許多不同的遺憾及不足，身體、家庭、精神情緒、資源……等等；小芳為我們編寫了一份活生生的正面教材，鼓勵年青人只要願意樂觀面對未來，為自己的理想奮發進取、努力不懈，定能為自己的人生添上色彩。

　　小芳於二〇一二年獲頒發「第二屆張永賢律師奮進獎學金」，本會謹期盼着小芳的美麗人生繼續照亮社會，其堅毅奮進，敢於面對生命挑戰的精神及對生命的熱誠，成為香港年青人的典範，於逆境中抱持積極樂觀的態度，持續努力學習、鍛煉與堅持，為自己的人生畫出彩虹、創建更美好的未來。

香港小童群益會 總幹事

羅淑君

二〇一四年三月二十六日

推薦序

她令我覺得這世界還有希望

我第一次認識小芳是在健身房行跑步機的時候，百無聊賴望着電視畫面，剛巧播着一輯關於小芳的「霎時感動」電視節目，當時覺得怎麼一個人可以這樣樂天知命，無怨無悔，比時下怨氣沖天的年青人簡直要強千倍。

之後我因為小童群益會所主辦的「張永賢律師奮進獎學金」，又再次碰到小芳。張永賢是我爸，家人為了悼念爸而設立了一個獎學金計劃，鼓勵不同類別、有理想的年青人奮發向上。前年小芳報名參選的項目是堅毅奮進，我是評審之一。我清楚記得面試那天，下午只是跟小芳簡短交談了大概二十分鐘，但她燦爛的笑容，發自內心的喜悅和對生命的熱愛，已深深的觸動了我。

小芳的路非常的不好走，但從沒有怨天尤人，就算說到她爸曾想過放棄她的時候，也平靜得好像在訴說別人的故事。這無疑令人佩服，但如果她只吹噓自己怎樣逆境求生，樂意助人，我未必會如此欣賞她，更不會有衝動為她做些什麼。

小芳說的話很好笑，但絕不是爛 gag 那種，比如當提到參加游泳比賽的時候，她不會哼一句說她需要別人的勇氣及決心才可以克服她心理上的障礙（她小時候曾險些遇溺），她只笑着說，最擔心的是泳鏡移位卡着她的鼻樑時該怎麼辦。小芳也跟我們分享她第一次考慮做義工賣旗籌款時面對的抉擇——若果街上的小孩追着問：「姐姐，沒有手你怎樣食飯？」她也為此猶豫過，但最後還是決定豁出去。她口中沒有逆境或苦差，只有愜意及樂事，所有的事都好似是理所當然的。

我自問一生沒有什麼挫折，亦不忘感恩，但每每也會為一些瑣事而煩惱——例如為什麼子女總是那樣令人擔心，為什麼衣服又穿不下等。但見過小芳之後，我深深地感到小芳似乎

活得比我更開心，另外，我更明白到，可以為雞毛蒜皮的事發牢騷其實已經是天大福氣，而我亦是時候反省一下可以為香港做些什麼。

面試期間，有一條必問的問題，就是如果獲選，同學們會怎樣利用三千元的獎學金。小芳回答是要儲起來，好讓有足夠的資金可以出版自傳。我第一個反應是這怎麼可能，恐怕此事若非要待太久便是要馬虎了事。想了一晚，我決定全力資助她，亦找來熱心的親友幫手實踐她的出書大計。

故此，我有機會更近距離接觸小芳。見面沒幾次，我已有一見如故的感覺，她娓娓道來的人和事固然吸引，但最難得的是她渾然不覺自己了不起。更令我窩心的是她視我如同平輩。有一次我跟她吃飯，她喝着凍檸檬茶，我便跟她說喝冷飲對身體不好，她隨即說我喝的咖啡也不見得健康，不是超熟絡的朋友是不會這樣說話的。我真的很高興交上這個小友。

最近看到她上載在 WhatsApp 的 profile picture，染了一頭藍色的短髮，時髦得很！除了忙讀書做義工做運動，她還有時間、有雅興去做回一個普通的廿五歲女孩。小芳就是那麼有個性，日子過得充實卻不忘娛樂，真是要封她為我的偶像了。

我衷心希望看過這本書的人能有所得着，不要自怨自艾，要活得更快樂、更精彩。下一次感到不如意的時候，不妨想一想小芳，她可一點都不覺得苦。

她跟一般的生命戰士不一樣——其他有殘疾的朋友可能只是勉為其難的接受自己的不幸，努力去爭取些什麼的時候，小芳已忙着致力於用她的故事來激勵他人。

小芳曾說，就是因為失去了雙手，才有機會停下來好好的畫畫，好像心存感激的樣子。你可能不相信，但若果認識小芳，你便會知道小芳真的是那麼想……

張永賢律師家人
張懿芳 女士

自序
意外的禮物

　　九歲時一場意外改變了我的一生。小時候的我沒有什麼理想，一心只想着早點念完書就出來當工廠妹，賺錢養家。我亦很想把所有的機會留給弟妹，好讓他們也能上學讀書[*]。想不到一場意外提早幫我達成我想做的事。雖然工廠妹我沒有當成，但是卻加快了弟妹的成長，他們變得懂事起來。

　　一場意外帶走了我的雙臂，卻讓我重新活一次。以前一心為家人付出，事事以他們為先。那時候的我沒有夢想也沒有理想，只管每天做着同一樣的例行公事。意外後，家人不再需要我的付出，因為我成為了他們必須照顧的對象。之後，我變得什麼事都先是為自己，再想家人。而且我從此也有了夢想，也有想追求的理想。有很多事想去做，就去做。

　　我能重新獲得第二次生命，活着對我來說意義重大。從曾經擁有，到差點失去，最後失而復得，讓我更明白「珍惜」二字。來到香港，除了學習獨立，做好自己的本份之外，我也不斷挑戰自我，克服在別人眼中不可能的事。每一件事對我來說都有難度，例如：用腳拿筷子、游泳等……我最終都能一一克服。除了做自己份內的事，我也希望盡自己僅有的力量為社會做些什麼。

<small>* 基於中國內地的一孩政策，我的弟妹因此沒有戶籍，學校向他們徵收的學費會較高。</small>

　　我在香港生活了十一年，參加過大大小小的義工活動，也去過無數的中小學跟學生作分享，讓我感受到、接觸到香港的另一面。在香港，弱小心靈的人很多，但擁有很多卻不懂珍惜的也很多。我來到香港就帶着我的樂觀和正能量給這個地方的人。我只是一位小人物，小人物只能做一些小人物的事，這本書就是希望與大家分享我這麼一個小人物的故事。

楊小芳

目　錄

第一章：二〇一二年　十二月二日   11

第二章：九歲前：只想幫補家計   17

第三章：九歲後：活着已經很好   21

第四章：香港——新的一片天   31

第五章：運動改變了我   39

第六章：給我最掛念的外婆   53

第七章：繪畫領悟人生   59

第八章：義工分享：感動他人　感動自己   65

第九章：足以自豪的生活   81

第十章：足以自豪的畫作   105

我的同行者   123

本書內文載有小芳意外後受傷的圖片，兒童讀者如有需要，可由家長陪同閱讀。

二〇一一年
十二月二日

1

第一章

二〇一二年　十二月二日

　　今晚是「十大感動香港人物」的頒獎禮，我很早就抵達亞洲電視（下稱亞視）。從當上了候選人之後，我一直都感到很興奮，從來沒有想過能晉身到這個階段，我早就當自己已經是贏了，哈哈！

　　對於能不能真的成為「十大感動香港人物」之一，我真的不是太介懷。一直以來，我都覺得什麼都是早有安排的，是我的就是我的，不是我的我怎麼渴求也沒有用。我只是專心地、時時刻刻做好自己，藉着這個平台去認識更多擁有不同故事的人，並且好好向他們學習。

妹妹比我更雀躍

　　到了亞視的拍攝場地，工作人員 Cuson 帶領我去候選人的休息室。之後他跟我說：「你得咗獎，恭喜晒！」我當時是感到有些意料之外，也有些感到意料之內，當時的感覺真的是無法形容。我就是這樣糊里糊塗的從被提名，入圍到最後當選為

「十大感動香港人物」之一。我看見我的妹妹比我更雀躍，而我感到開心之餘卻有點壓力，因為對我來說這個獎的意義太大了，簡直比起當選影帝影后還厲害。我很想和大家分享這種喜悅，特別是我的啟蒙老師——陳慧老師 *。

我知道陳老師當時剛從加拿大回來，我就邀請了她和我出席頒獎禮。可是她當時身體有點不適，我也怕她太勞碌，所以便再沒有致電找她。Cuson 也叫我別騷擾她了，讓陳老師多點休息，

當知道我獲得「十大感動香港人物」的時候，妹妹小莉立刻開心得彈起來……其實我真的很感激她，因為我知道，她在背後默默地為我付出了很多很多。

---

* 陳慧老師已移民往加拿大，一年只會在香港逗留幾個月。

他說我大可以在頒獎禮上，透過鏡頭向在電視機旁收看這個節目的陳老師致謝，當時我也聽從了 Cuson 的建議。

亞視給我的驚喜

頒獎禮開始了，我是最後一位出場的得獎者。在我之前的幾位得獎者的說話和經歷都深深地感動了我，而我的眼淚亦不受控制的在眼眶裏打轉。看見亞視給了每一位得獎者都送上一個驚喜，我既好奇又想知道他們準備給我一個怎樣的驚喜，但更擔心我會忍不住眼淚泛濫起來。我跑去問 Cuson 會不會有這樣的安排，他說沒有，我也相信了。

最初獲悉得獎，在台上致謝辭時我仍不知道將會來的驚喜。（圖片提供：亞洲電視）

當我突然看到陳慧老師也到了現場，我們禁不住相擁了起來。（圖片提供：亞洲電視）

　　就在我剛開始感謝陳老師的時候，主持人竟然說陳老師正在現場。我的眼淚就嘩啦嘩啦的掉下來。我開心，我激動，我感謝亞視的安排，我更感謝主的安排，感謝主安排陳老師在這段時間回香港，更感謝她在身體不適的時候，還願意出席這個頒獎禮。

　　那天晚上因為時間關係，我還有很多人沒有致謝過，我希望在這裏向他們送上衷心的謝意。首先是我的家人，媽媽對我的不離不棄，對我的信任；妹妹對我的支

持，需要她陪伴的時候，她總是在我的身邊；弟弟的支持，他是火裏來火裏去的人，一直都無條件地幫助我；感謝外婆對我悉心的照顧；感謝鄧媽[*]與我一起解決生活上的困難。

真的很感謝亞視一班幕後員工，他們秘密地邀請了陳慧老師出席「十大感動香港人物」頒獎禮，為我製造了很大的驚喜。

陳慧老師開展了她為我繪畫的《足以自豪》，淚水實在再忍不住了。（圖片提供：亞洲電視）

---

* 鄧媽是香港紅十字會雅麗珊郡主學校的職業治療師。

九歲前：
只想幫補家計

2

第二章

九歲前：只想幫補家計

　　一九八九年農曆六月十日，中國廣東省惠陽區有一戶普通農家誕生了一個女嬰，她就是我——楊小芳。我是家中的老大，隨後，媽媽還多添了一個妹妹和弟弟。

　　爸爸是香港人，我們三姐弟都是在內地老家出世的。從小我們一家五口都是分隔兩地，爸爸一個人在香港，媽媽和我們姐弟在老家。在我讀學前班＊之前，我的家雖然不是特別富有，但是生活條件還算不錯。那時候媽媽毋需出外工作，只負責在家照顧我們。

媽媽獨力養家

　　自從爸爸工傷後，他就回到老家休養，家庭自然就沒有了經濟收入。那時候，媽媽便開始要出外工作養家，我也開始要上小學。家庭環境開始轉變，我的童年也跟着轉變。

＊ 小學一年級之前必須上學校的一年。

爸爸養好身體後就再沒有工作，也不回香港，終日沉迷賭博，輸光了，便到處借錢。家裏的經濟負擔更是百上加斤，只有媽媽獨力擔起這個家，日子一天比一天難捱。後來，還因為爸爸嗜賭，破壞了我們和親友間的感情，讓我們更加孤立無援。這種情況下，我還能上學已經非常幸運。那時候，我只知道要好好讀書，不能辜負媽媽的期望。

賣爛銅爛鐵賺零用錢

那一年來，每一個學期的開始，我都特別怕上學，因為我根本沒有錢交學費。當時若我沒有學費單，在學校就拿不到課本，班上大家都會知道哪一位同學沒有交學費，也會因此取笑我。那時候我總會想，我怎麼會生長在這樣的一個家庭裏？後來我明白到，自己是家裏的老大，就算想太多也無補於事，我的童年就是跟大家的不一樣，卻是這麼簡單。在假日就得幫媽媽在街市工作，我很快就學曉了殺雞宰鴨。每逢暑假也得去拿點膠花來穿，一天到晚帶着弟妹一起工作。有時候我還會去撿拾一些爛銅爛鐵來賣，只求可以多賺點零用錢。

那時候我認為自己只要不是一個文盲就可以了，一心只想着早點完成小學，出來工作，好讓妹妹和弟弟也有讀書的機會。事實上，在父母的眼中，我有點知識已

足夠了；而在老師的眼中，我上學只是混日子，所以我從不是學校的希望，更不會是學校重點培養升讀大學的學生。眼見身邊有很多人讀不下去就放棄了，順理成章成為別人口中沒出息的人。雖然自己不太愛讀書，也不是讀書的材料，可是我仍堅持到底，只因我相信：不愛讀不代表讀不了，不是讀書的材料也不代表讀不會。

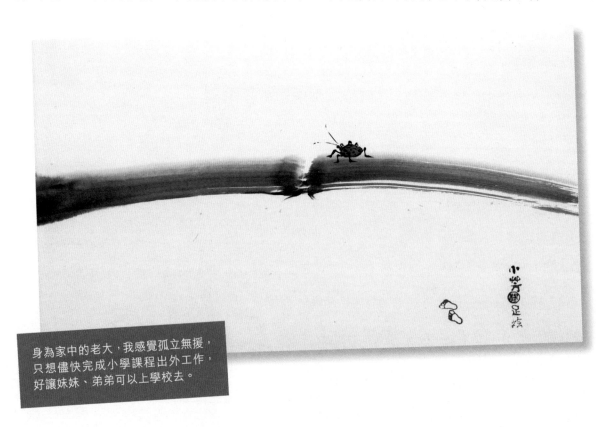

身為家中的老大，我感覺孤立無援，只想儘快完成小學課程出外工作，好讓妹妹、弟弟可以上學校去。

九歲後：
活着已經很好

3

第三章

九歲後：活着已經很好

在小學四年級暑假的尾聲，我遇到了意外。我家附近的高壓電線原本是好端端的掛在電線桿上，一天忽然在我身邊掉下來，我不知就裏就隨手拿起它。平常的電線都是包着一層保護膠紙以防漏電的，這條電線卻沒有，而我知道的時候已經太遲，我最終不幸地觸電了。那時候的我正期待着新學年的來臨，期待着認識新同學，期待着能快點小學畢業，期待着……

每星期截肢一次

一場意外，徹底改變了我的人生。我不用去想開學的事了，也不用去想照顧弟妹的事了，更不用去想未來的事了。在我意識到自己出事之後，我只希望自己還能活着。

在那間內地醫院裏，我在短短兩個多月經歷了十多次大大小小的手術，才能活下來。在這兩個月期間，每星期我都要面對切除傷口壞組織的手術。而這些手術都

是在我清醒下進行，但我對於每次的切割手術都很無奈。因為每次我都要經歷「放電」療程：把皮膚割開、放電，在背脊開窿，讓電流流過。由於這會令皮膚和肌肉組織潰爛，醫生於是游說我們抽取頭部的皮膚移殖至患處，還說頭部的皮膚會較易痊瘉，但當時我堅持反對，他才改由大腿的皮膚移殖至雙手處，及後患處的細胞增生了肉芽（幸好不太嚴重），但更糟的是我的患處還未完全復元，醫院方面便要求我離開，大概因為我們沒有錢再付住院費吧。當時單是我的手術費已耗盡了家中的積蓄（這還未包括住院費），故我被迫離開醫院回家休養。

「活著」就是意外後我唯一的心願。

流浪者讓我心情平伏

　　儘管如此，我在醫院的日子不是灰色的。有兩件事令我堅持樂觀的性格，其中一件事是跟一位與我爸爸熟稔的流浪者有關。記得我入住的那間醫院附近有一個池塘，那位流浪者在我住院期間，經常到池塘捉魚仔給我飼養，令我的心情平伏了許多。另一件事，是有關一名失去了兒子的媽媽。記得一天，一位媽媽抱着剛在池塘遇溺死去的兒子，跪地痛哭，要求醫生救回她的孩子。那個哀慟的場面，至今我仍歷歷在目。當時我在想，如果我是那位死去的兒子，我媽媽一定也這樣傷心透絕。

　　我頓時感受到生命來得不容易，相比起醫院內其他病人，我的情況其實不是最糟糕的，因為自己的心臟仍在跳動，而且還剩下一對健全的腳，感覺已經很好。我只要堅持活下去，一定可以活得精彩。

　　其實，我從來沒有擔心失去雙臂以後應該怎麼辦，只慶幸我還能活着。在住院期間，我學會了很多事情，明白了很多道理。我清楚了解到，縱使我每一次手術之前都滿懷希望，但也必須作出最壞的打算，才可以面對接下來的種種挑戰。但當時只有九歲的我其實沒有那麼勇敢，自己心裏害怕得很，我不是害怕希望變成失望，而是害怕我進了手術室後，就再也醒不過來。

盡見人性醜陋一面

雖然我能樂觀的面對失去了雙臂，但是我很害怕生命太過短暫，因為我還有很多事情沒完成。我孝沒盡、夢沒追、家沒建、苦沒完、樂沒來，倘若我生命就此盡了，我真的會很害怕，也有點不甘心。而我在治療的過程中，一些人和錢的因素都足以決定我的存亡，也讓我害怕和擔憂。

我的治療耗盡了家裏僅有的積蓄，媽媽向親戚朋友們能借的都借了。電力公司也不肯對我作出賠償，而打官司需要錢，什麼都需要錢。那時候我的生命就跟「錢」扯上了最直接的關係，有錢就能繼續做手術，沒錢便要面對死亡。當時爸爸那邊的親戚們都勸他放棄我，他也聽了，這個我可以理解，因

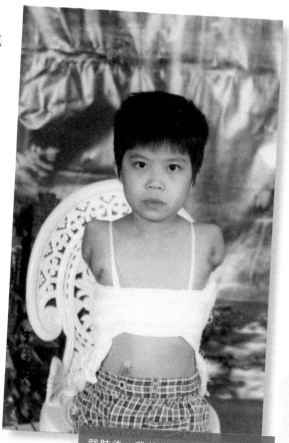

截肢後，我的傷口還未完全復元，但因為沒有錢住院，故要回家休養。

為從小他跟我就是合不來，也看我不順眼。他更勸過媽媽放棄我，媽媽因為這件事也跟他大吵了一場。當時我也聽到他們說什麼，我很傷心，當時我感受這是人性最醜陋的一面。

媽媽從頭到尾都支持我，從沒想過放棄我。沒當過母親的大概不會太了解做母親的感受，更難想像我媽媽的偉大。十月懷胎不容易，更不容易的是媽媽一個人把我們三個都拉扯大了。意外後，失去雙臂不是令我感到最痛、最難過的，而是看到媽媽為我們受的苦。自此媽媽成為了我的精神支柱，那時候，我更想能夠活下去，希望繼續做手術。為了媽媽、為了自己，我不管再苦再艱難，也要活下去，而且要活得比其他人都精彩。

出院後回家，我對周遭的感覺十分陌生，一切都要重新適應，重新開始。

媽媽給我最好的

兩個多月後，我終於可以平安出院。雖然那時候還沒完全康復，但是自己已經很知足、很感恩。感恩的是意外發生在自己身上，並不是發生在弟妹身上，我也明白我的重生得來不易。

出院後，我對以前非常熟悉的地方、環境、人和事都突然感到很陌生。別人往往都會向我投下奇異的眼光，我也成為了別人茶餘飯後的其中一個話題。那時候我感覺像獨生女一樣，因為弟妹們還住在舅父那裏，而媽媽在家把我照顧得很好。以前家裏有好吃的，都會先留給弟弟，雖然感覺上媽媽好像有點重男輕女，可是我和妹妹也習慣把最好的留給他，因為弟弟是最小、還是個男的。意外後，媽媽就把所有最好的全都給我。那時候我才明白媽媽從來沒有偏心弟弟，她都是那麼一樣地愛着我們。不久，弟妹們也回家一起住。我很高興，還很期待着他們回來的那天。

意外後我們第一張合照，每次看到這幅「全家福」都百般滋味。

「就同廢人一樣！」

但兩個多月後的重聚，我卻感到如此的陌生。明明一向跟我感情很要好的弟妹，怎麼會變得像陌生人一樣？弟弟還好，他還可以接受，畢竟他目睹我經歷這場意外（雖然他不知道我最終會失去雙臂）；但妹妹的反應卻傷透了我的心，大概她是最不清楚自己姐姐發生了什麼事的一個。當時，她驚訝地看着我，問我怎麼會失去了雙臂？雖然她沒說過什麼，但我知道她是怎樣想的。她有很多的不明白，有很多的害怕，害怕我身上的傷痕，害怕別人知道她有一個沒有雙臂的姐姐，更害怕被別人恥笑她、歧視她。沒錯，那時候我一出家門口就聽到很多難聽的說話，無論是街市賣菜的，甚至親戚都會這樣說：

「你個女沒有雙手就同廢人一樣！」

「老了怎辦？如何照顧妳（媽媽）？」

「她是一個不祥人！」

尤其每逢過年過節的時候，他們更不喜歡媽媽帶我上他們家拜年，因為他們會覺得這會帶來不幸。當時心裏想：「我沒

當時我最痛心的，不是別人說我如何的不是，而是他們對我家人的閒言閒語。於是有一段時間，我只呆坐在家，不願出外。

有手，與他們何干？為什麼要說這些難聽的話？」我最介懷的不是他們說我什麼，而是他們對我的家人說什麼！

除了大人，小孩子對我的歧視也千奇百樣。他們在街上看到我後，會作曲唱着笑我沒有雙臂，希望激怒我。當我假裝沒有聽見時，他們又好像不甘心，拿起地上的石頭就扔過來，有時險些給擊中，但我依然沒有什麼反應。最初我心裏的確不是味兒，但很快就平伏過來，因為我一直覺得，他們畢竟也只是一羣無知的小孩子。而當時家人因此亦不想我出街，怕我受到騷擾和欺凌。

可是我一向都是一個不太聽話的孩子，我就是喜歡出去玩。家人要我穿長袖衣服，我偏不願穿，因為我不介意別人的歧視和難聽的說話，反而家人的行為和反應最讓我難過。我不明白為什麼我的至親接受不了我這個樣子，為什麼要理會別人的看法，我有很多的不懂、很多的為什麼，可是我又不忍心家人因為我被一些毫不相干的人說這說那而感到難堪，我也明白他們需要時間，慢慢接受切除了雙臂的我。

家人勸我說要穿長袖衣服，但我就是不喜歡，對於別人的說話，我開始逐漸適應、接受、寬恕。

後來，我也慢慢地接受了他們的想法，盡量配合，做他們想我做的事。節日期間，我也很樂意一個人留在家中，也學會自得其樂。後來，爸媽都移居到香港，外婆便帶着我們三姐弟。那時開始，我偷偷地幫忙做家務，這是因為我不太習慣被照顧、被保護得太好，內心深處常常喊着：「我要獨立！」。那時候妹妹也開始願意和我外出，縱使還是要保持距離，我也已經很滿足了。我經常跟着弟弟玩，他也會帶我去他的同學家裏玩，他的同學也接受我。不經不覺地做了好幾年被保護的籠中鳥，雖然沒學會什麼，只會洗洗衣服，擦擦地板，但是感覺到一切都在好轉中。

經常對自己說：「我要獨立！」所以如果可以自己做得到的，我都會自己動「腳」去做。

意外後雖然遭到冷言冷語，但我仍堅持，深信一切都會在好轉中。

我是一個不太聽話的孩子，適應了沒有雙臂的生活，我開始做家務，甚至開始出外面對新的生活。

香港——新的一片天

4

第四章

香港——新的一片天

二〇〇三年，我獲批單程證來香港。離開老家，暫時和外婆、弟妹分開，去一個陌生的城市。我不是害怕，也不是對老家的一草一木還有什麼留戀，我只是捨不得他們。

我知道香港才是我可以重獲新生的地方，因為香港較為發達，機會較多。記得當時我是從特別通道入境，海關人員派了很多有關香港的資訊單張給我，包括學校資料等，我看到香港人對我也會投以特別的目光，但那種目光不是不友善的。他們第一次看到我時依然會感到有點驚訝，但他們很多都不會說出聲，只是有些婆婆和伯伯走來對我說：「多可憐！」、「妳很捧！」、「加油啊！」之類的說話，當時我明白到，香港才有我的一片天空，我是多麼期待着往後的日子！

來香港的那天正下着雨，和我的心情一樣。既帶着離別的傷感，又盼望着雨後的彩虹，心情很複雜。除了為離別親人而感到難過外，我對這個新城市倒也很快就適應過來，包括這裏的生活節奏等，一切都很順利。家人也很快替我找到了學校。

來到香港展開新生活後，我深信往後的日子會更加美好。

失而復得的學習

　　前去香港紅十字會雅麗珊郡主學校面試的那一天，真的很奇妙。從來沒嘗試過用腳寫字的我，那天校長問我能用腳寫字嗎？我也糊里糊塗的用腳寫了自己的名字。我怎麼會用腳寫字呢？我到現在也不知道何時學會了，也許是天生我才必有用吧，其後也很順利入讀了這所學校。

在香港能繼續讀書，對我真的是意義重大。對於失而復得的學業，我更加珍惜。雖然我不是讀書的料子，但是我會盡力、會堅持。以前的包袱全都消失了，自己更得為自己努力，因為我知道這是我要改變、要獨立的開始。我從小就被家庭環境鍛煉得很獨立，性格使然，我也不喜歡被別人束縛。我要的是自由，我要學飛，我不要做母親翼下的孩子。

開學後，學校有什麼課外活動，只要毋需用上雙手的，我都會去參加。跑步、跳遠、足球比賽、三項鐵人賽、泡中國茶等，甚至家裏附近的教會有活動我也會去參加，例如英文補習。那時候心裏有一道很強烈的聲音跟我說：「要捉緊每一個機會！要融入這個社會！要獨立！」

入讀香港紅十字會雅麗珊郡主學校後，我幾乎參加過所有毋需用手進行的活動，這亦幫助我很快地融入香港的學校生活。

感謝爸爸

在這裏我要多謝爸爸，因為我上學的頭一年是由他接送我的。其實最初我和爸爸的關係十分惡劣，我總覺得他重男輕女，家裏有什麼好的東西都會給弟弟。出事後，他曾經說要放棄我。到我康復回家，他對這個家可謂是零付出，我曾經罵他：「你一點付出也沒有，唯一付出的就只是精子！」我們經常吵架，甚至動手。雖然我沒有手，但會互擲東西，有時甚至想過要報警，跟着便會勸媽媽跟他離婚。

現在回想起來，其實只要換另一個角度，事情發展便會完全不同了。我現在會覺得，爸爸不算是最可惡的那一類。他不會向大耳窿借錢，也不是不愛我們幾姐弟，只是他的表達方法有問題。有時他會說任由我自生自滅，但轉頭卻在學校門口等我。從此我明白到，與人相處，要懂得從好的方面看，即使是微不足道的，其實都是這個人的優點，我們要懂得去欣賞，尤其是對家人，畢竟和平共處及和諧的氣氛十分重要。爸爸雖然不懂得表達自己，但我欣賞他對禮節的堅持，就如每日晚飯的時候，即使我的家裏只有他的房間有電視機，他每次都會堅持要一家人齊齊整整在飯廳裏吃飯，這點很值得我欣賞。

如何啪八達通？

一年之後，我開始自己返學、放學，家人再沒有接送。那時候，我要解決起居生活上的所有問題，其實一點也不輕鬆。比方說，自己一直盤算怎樣付錢給小巴司機，幸好很快就給我想到了解決方法——就是先把硬幣放在鞋裏，再用腳取出來。雖然這個動作對我來說再簡單不過，但是我的心裏就是有些障礙跨不過去，害怕在付款過程中阻礙到別人、更害怕別人介意我用這種方式付錢。但我明白害怕是我學會真正獨立的障礙，我一定要克服恐懼，才可以開始獨立的第一步，才可以做到沒有家人陪伴都可以應付的「自由行」。

接下來就是解決乘搭港鐵的問題，當中不斷失敗，我也不斷嘗試。例如最初想到把八達通放在鞋底，只要抬高腳便可以啪卡，但後來發現原來長期踏着八達通，卡上的晶片會失效。其後嘗試用袋綁在腳眼處，但每次啪卡時也十分不方便。後來再逐步改良，解決曾發生過的問題，最重要是得到鄧媽的鼎力幫助，最後我們便研製了一個專為啪八達通卡過閘而設計的小袋，方便自己一個人到處走。

經過多次的試驗，原來把八達通放在胳膊上是最方便的。

或者是熟能生巧吧，用腳趾夾着
匙子或筷子進食早已沒有任何難
度了。

在我思考各種解決問題的辦法時，過程中看
似很輕鬆，也沒有太大的困難，但是在實行過程
中卻弄出了很多有趣的故事。例如經常發生的，
就是在我啪八達通的一瞬間把身邊的乘客嚇呆了。
因為最初我是舉腳啪八達通的，大家都知道每一
個閘口的空間都不太闊，我一舉腳就很容易踢到
旁邊的人。雖然我從沒試過真正的踢到別人，但
是卻有乘客被我的舉動嚇到目瞪口呆。有時候還
有乘客問我為什麼可以這樣厲害，腳怎麼可以那
麼柔軟，這些點點滴滴都豐富了我的生活。

發明自理工具

在自理方面，自己會在摸索中找到辦法，然
後再和鄧媽一起不厭其煩的改良再改良。從前一
些只能給我在家裏使用的工具，便被我們改良到
現在能隨身攜帶。事實上，自己最需要什麼，自

操作相機？無難度！有時我可以
與朋友們玩 Selfies 呢！

己最清楚，而溝通和別人的幫助是很重要的，就這樣我便能夠慢慢的解決日常生活上的問題了。舉個例子，有很多人都不明白我怎麼上洗手間的，大家都以為我的腳很神奇，能夠屈曲到腰間的位置。我告訴大家，這當然是不行的，腳和手永遠都不能相題並論。即使爸爸願意照顧我，但也不太方便協助我上洗手間，所以我便需要設計輔助工具去協助自己了。而最簡單的方法便是設計一些能代替雙手的工具，例如我與鄧媽研究如何把從五金行買回來的工具應用到日常生活中。最初，

鄧媽幫助我把一個類似毛巾架的東西釘在牆上，協助我穿衣服。但後來發現，每天帶上一支長長的毛巾架出外甚為不便，於是我便買來一個較小型、附有吸盤的毛巾架，再略作修改。現在，我每天都會帶上這個獨有的輔助器，能更輕鬆的上洗手間和換衫了。

這就是附有吸盤的如廁工具。現在我每天都會帶着它，以後便不用依賴其他人了。

運動改變了我 5

第五章

運動改變了我

　　在學校裏，我得到了很多機會。最初我決定參與運動，是希望鍛煉出一副健康的體魄。但由於我可以選擇的運動種類有限制，所以當時只能嘗試跑步了，就這樣，我便不經意地成為了短跑運動員，一跑就跑了四年。四年間我代表了香港參加全運會，期間不斷練習，就像其他經常參賽的隊員們一樣，每星期練習三晚，放學後就去練習，練習完了才做學校的功課。而這四年我便是這樣很有規律性地過。假若你問我這四年是否辛苦？當中當然有苦也有樂，但是我還是會回答：不辛苦，也不累。因為自己很享受過程及當中忙碌的感覺，同時也能夠鍛煉自己的毅力和堅持。

短跑對於雙腿的負荷太大，所以四年後我決定轉戰游泳。

由短跑轉戰游泳

然而，後來我的雙腳開始出現問題。這是因為我的雙腳負荷都要比一般人高，除了走路，日常起居飲食我亦要依賴雙腳進行，加上當初每星期要練跑三晚，膝蓋因長期磨損而開始疼痛。當時我開始擔心雙腿的健康，同時亦考慮到，若雙腿真的有毛病，亦違背了最初我玩運動是希望鍛煉身體的原意。所以我決定轉去游泳，但這對我來說真是一個很大的挑戰。

我畏水，對水有很大的陰影。記得七、八歲的時候，我曾在家附近的一個泳池學習游泳。可是，我不但沒有學會，還曾經被人扔落泳池險些遇溺，自此之後我便很怕水。所以，後來我在沒有雙臂的情況下去學游泳，心裏更是害怕。一直以來，面對所有的挑戰和困難，我都是勇敢的面對和接受，唯獨學習游泳，我逃避了整整一個月。但一個月後，我還是決定去面對它、挑戰它、克服它。大家都明白，說的容易做的難，當時我也身處這個困窘。

由於兒時的遇溺陰霾，我逃避過學習游泳，但我還是決定要去面對它。

其實我極害怕游泳

　　習泳的第一天，我要克服的問題不只是怕水，還有怎樣去穿泳衣。同時，我又怕穿得少，沒有安全感。這都要感激我的家人，尤其是妹妹，因為媽媽要上班，全憑妹妹幫助我穿泳衣和換衫。在我習泳期間，她又要呆等着我，變相犧牲了她的溫習和玩樂時間。可以說，沒有她，我不可以游泳，不可以拿到這麼多的獎項，更不可能克服這個纏繞已久的心魔。

　　記得最初我穿泳衣時，覺得很害羞，因為我從未試過在人前穿得這麼少。克服過後便要面對眾人的目光，沒有了雙臂，而且患處留有不美觀的疤痕，自然會引來周圍泳客的注視。記得當時我穿起泳衣後，也待了很久才鼓起勇氣走到泳池邊。接着，就是要克服對水的陰影。當時我蹲在池邊半小時有多，看着池裏的水，心裏很害怕，蹲到腳都麻了也不敢跳下水。縱然有教練和其他人的鼓勵，我的勇氣始終使不出來。內心的陰影威力很大，我真是有點招架不住。但是我的格言是「不逃避，要面對。要跨出第一步，享受過程，

現在除了泳池，我也喜歡到沙灘浸浸水，享受日光浴。

結果並不重要。」想着想着，就這樣一眨眼便跳下水裏了。哎喲，原來跳下去的時間那麼短，那麼容易，我卻蹲了那麼久。我頓時坦然地取笑自己，之前我都白蹲了。就是這樣，我克服了對游泳的恐懼，現在游泳還是我最喜愛的運動呢！

周年水運會：第一次在深水游泳

記得我剛學會游泳沒多久，教練便建議我參加周年水運會。原本我可以參加新秀賽，只需要在淺水池裏游二十五米，其實在我的眼中這已經是很大的挑戰，而我對勝出的信心也不大。可是教練不但不讓我去參加新秀賽，還要我去參加三項普通賽事：兩項五十米和一項一百米。報名以後，我才開始害怕，因為我從沒試過在深水池裏游泳，而且更要從起步台上跳水、轉身等，但最後我還是硬着頭皮接受了這個挑戰。

（左一是小芳）臨比賽前才得知要跳水起步，但比賽開始後，便沒有再想其他，只希望盡力而為，完成比賽。

教練不讓我參加新秀賽，還給我報名挑戰普通賽中的其中三項，但我也不負他的寄望，贏得了部分賽事。

到了比賽當天，甫抵達了比賽場地，我已急不及待去觀察泳池周圍的環境，看看自己需怎樣下水和上水。看了看，心才定了下來。離出場的時間越來越近，我的心情就越來越緊張。不知道為了什麼，就是緊張得肌肉也僵硬了。終於到我出場了，我剛打算先下水裏準備時，教練竟然叫我站在起步台上跳水，我心裏大喊：「我的天呀，一來就這麼刺激！我的小心臟會不會負荷不了？」在深水裏游泳壓力已經很大了，現在更要跳水起步，我更擔心會丟掉了泳鏡，什麼也看不清楚。一瞬間積聚了很多的壓力、很多的包袱、很多的害怕，雙腳都不受我控制了。但當聽到「嗶」

現在我不再畏水，還在 2013 年的周年游泳比賽中獲得獎牌。除了妹妹，還要感謝身邊另外兩個最重要的人：媽媽和張教練。

一聲，我什麼也沒想便跳了下去，我的身體、我的泳鏡和水接觸的那一刻，打散了我之前所有的害怕和擔心，整個人變得很輕鬆，我不知道當時的勇氣從哪裏來，心裏就想着，我除了跳就沒有別的選擇。雖然當日我游得不很好，也喝了很多水，可是我的泳鏡沒有丟掉，我也從此沒有再害怕游深水了。所以，如果當時我沒有跳，便沒有了過程，更不用說成果了。

港、澳、台、廣泳賽：包尾但感動

記得我第一次代表香港參加港、澳、台、廣泳賽，我很興奮，很期待。我參加了四項，其中蛙式有兩項，而自己對游五十米蛙式有點把握，對成績也有點期望。怎麼也沒想到，去到比賽場地後，竟變了參加九項，還要在一天內完成。

比賽當天，我的心態是志在參與。因為比賽沒有分類別，而且是男女混合，我勝出的機會不大，可是我還是會盡全力去比賽，而且我還希望在五十米蛙式的比賽上取得好成績。

其他項目我都順利完成了，五十米蛙式是個人賽中最後一項，我當時充滿信心，好像還沒有比賽便贏了一樣。但怎麼也沒想到，我一跳進水裏，泳鏡就鬆脫了，還卡住我的鼻孔，阻礙我呼吸。我當時既看不見也呼吸不了，也不知道方向，於是就大喊着：「教練！泳鏡丟掉了！我什麼都看不見！」教練回答：「繼續游，別回頭！」我心想：「這就是體育精神！如果我不是真的呼吸不了，我就應該要完成這

其實每次在賽道中比賽，都不只得我一個人，教練、隊友等從旁的指導和鼓勵，讓我感受到真正的團隊精神。

個賽事，就像教練所説，不要回頭，更不可以中途放棄。」於是，我就慢慢地把賽事完成。雖然是最後一個到達終點，卻得到全場的掌聲。那一刻，我很感動，因為自己每次遇到困難時都有大家的幫忙和鼓勵。

亞運會：最難過的比賽

之後我還參加了一次亞運會，這是我參加過最大型的比賽，更是我最難忘及遺憾的一次。比賽前訓練的辛酸沒人了解，雖然如此，我還是樂在其中，也盼望着出賽的一天。到了廣州，入住在運動村，一切都還好。在這次比賽前我還罕有地致電回家，是妹妹接聽電話，我們隨便聊了兩句，但我聽到妹妹的聲音有點哽咽，我就問媽媽去了哪裏。妹妹才説媽媽回鄉了，她還是不告訴我媽媽要回去的原因，我再追問下她才説，外婆過身了。

我的眼淚一下子便湧了出來，但是卻要強忍着，覺得不能讓家人和教練們擔心，更不想因為我影響到第二天的比賽。當時就只得沉着

我瞞着教練、隊友，懷着外婆離去的悲痛心情，強忍着淚水繼續往前游。

心情去完成賽事。其實在比賽前，我已計劃好在完成比賽後就和妹妹回去看看外婆，沒想到已經來不及了，我不但見不了外婆最後一面，連傷心落淚也要偷偷的躲在被窩裏。

學生運動員交流團：學會真正獨立

二○一二年的暑假，我首次參加學生運動員交流團，這次交流團對我來說是一個很大的挑戰。

我們要去南京和上海，在五日四夜的行程中，我要獨自跟着大隊出發，那裏的工作人員、學生運動員我都不認識。過往我外出比賽也有熟悉的隊員，當我有什麼困難時都可以找他們幫忙，但這次是第一次與完全不認識的人出遠門。

對着這班不太熟識的隊員，我也不好意思要他們幫忙。雖然他們會很樂意幫助我，但我還是覺得應該要靠自己。這次的旅程，我可以訓練自己解決以前沒有解決掉的問題。就如一直都要靠別人幫助我穿內衣，由於我的腳不能去到頸部，往往都得要人幫助，那時我便得用自己的方法嘗試去穿，現在已訓練到連洗澡都可以自己搞定，慶幸自己參與過這些活動，令自己可以更獨立。

除此之外，這五日四夜還讓我得到了最珍貴的友誼。因為團友來自不同學校，不同年紀，再加上我的確有點與眾不同，最初都是互不認識，互不了解的，但很快我們就混熟得像老朋友一樣，還每天嘻嘻哈哈，你逗我笑，我逗你玩。一開始還有點擔心不知道如何跟他們相處，幸好他們真的很好，而我最開心的是，從頭到尾他們都視我如一般人一樣，對我沒有什麼特別照顧，這是我感到最開心的。

交流團的第一天，我們獲知每隊都要安排一個有關運動的節目，在最後一晚為大家表演。大家都為了這個緊張起來，每天外出參觀回來後，晚上都會聚集在一起商量。雖然很累，卻很開心，因為我們每天都在歡樂中度過。

在「屈臣氏學生運動交流團」中，我和團友每天都在歡樂中度過。

記得在行程的最後一天，我們終於展示了過去幾天辛苦綵排的成果，一隊人為同一個目標努力，大家都使出自己最擅長的技能，加上和運動結合，真的是一個搞笑又歡樂的一夜。到了晚上，我們都很捨不得大家，就這樣我們聊了一個晚上直到天亮，聊的話題很多，心事瑣事的什麼都有。短短幾天，大家從不認識到變得十分熟絡，這友誼真的來得不易。

渣打馬拉松：與失明朋友共進退

二○一四年，我如以往般參加了渣打馬拉松。最初我想放棄，因為去年的一役讓我的膝蓋痛了兩個多月，自己也開始知道要好好保護雙腳。但是今年我還是參加了，因為這次很特別，我當上了一位失明朋友的領跑員。我從來都沒試過，也曾經懷疑過自己究竟能不能擔任此項工作。領跑員不好當，因為這會是關乎兩個人的默契和信任。

這次帶的是我的好朋友凱恩。有次和她聊天的時候，知道她會參加今年的馬拉松，我就隨便問了一下誰當她的領跑員，她說應該是不認識的中學生，那時候我就隨意問：「我帶你跑，怎麼樣？」她很快就回答我：「你帶我跑，我們一定很有默契！」就這樣，我們便一起參加了今年的馬拉松。

第一次當馬拉松的領跑員，幸好凱恩（右一）是我的好朋友，默契早已建立了。

在訓練的過程中，我們曾遇到很多問題。雖然是好朋友，但是最初跑起來的感覺總會和我們想像的有點出入。經常出現的問題就是那一條領跑帶，它會磨擦

到我的脖子上，雖然不會很嚴重（因為領跑帶都加了工，有保護的作用），但我仍要時間適應。其實我要在此說聲對不起，因為原本答應她每星期練跑兩次，但我不是每星期也可以抽空與她一起練跑。

當了凱恩的眼

在正式比賽當日，我已無暇顧及仍然疼痛的膝蓋，因為除了跑步，我還要留意與凱恩的步伐是否配合。跑步期間我們互相會不小心踢到對方，但最重要是我要環顧四周，生怕附近的跑手不知道凱恩是失明的，胡亂切入我們的跑道。凱恩對擦身而過的人特別敏感，所以我必須事先提醒她可能會出現的危險，叫她小心左面、右面、路面不平、減慢速度，以及預示前面的上落斜路段等，有時寧願兜路，或跑得慢一點，亦不想犯險。記得我們跑到末段時，我的氣力開始不繼，膝蓋越來越疼痛，但我不想拖累凱恩，而我也知道凱恩不是運動健將，到後期的路段，我還感覺像拉着一頭很沉重的牛在跑。然而，我們仍然堅持，而且彼此不斷鼓勵對方，最終亦能安全到達終點。

這次的馬拉松讓我感受最深的，是互相信任。我和凱恩的信念一致，凱恩完全信任我帶領她跑，彼此決心要一起在起跑線開始，一起到達終點，絕不會放棄大

家。這種信任比起我獲得任何獎項還值得高興，而這種兩個人之間的信任是無價的，也不是必然的。

香港需要正能量

事實上，這年的馬拉松是我參加三年中最有感觸的一次，因為我覺得香港實在需要大量正能量。記得當時無論在起跑區、跑道以及終點線，都會有不同的人為我們吶喊，而且不單止是香港人，有些外國人如日本人等。他們用自己的語言大聲歡呼鼓勵，縱使我聽不懂他們在說什麼，但那一刻我感覺到他們給我的正能量，這是很久沒有接收過的能量，而全靠這股能量，我才可以完成賽事。

然而，在衝線之後，我和凱恩接受了傳媒的訪問，發現了他們一種很有趣的特點，就是喜歡報道一些負面東西，例如他們會問：

「天氣是否會影響到妳們的發揮？」

「起步時是否有很多人影相阻礙跑手？」

「妳覺得主辦機構有沒有什麼做得不好的地方？」

我感覺到他們希望我會給一些較批判性或負面的答案，但我實在想不出有任何不好的地方要改善：當日的天氣是近三年最好的，很適宜長跑；我的組別在起跑時沒有人在拍攝，甚至有些跑手知道我們是殘障，還讓路或開路給我們；我想不出主辦機構還有什麼需要改善的地方。當時我想，我的答案，那些記者們一定是很不滿意的了，但我委實是這樣想，也沒有辦法。

在這十年間，我參與了各種我能挑戰的運動。不管是游泳、跑步、三項鐵人或是馬拉松。大大小小的獎項也獲取過，但這都不是讓我最開心和最自豪的事情。我積極嘗試不同的挑戰，克服各種的困難，只是想證明一點，即使沒有了雙臂，我也能做到很多事情。基本上可以和大家一樣，沒有分別。期望讓大家對我有另一種看法，也對所有的傷殘人士有另一種看法。特別是我的家人，讓他們知道，不用再擔心我了。

縱然身殘，只要心不殘，我們一樣能活得很精彩，活出彩虹。只要大家給予我們機會，只要大家能多一份接納和包容，我們和普通人都是一樣的。

我和凱恩早已情同姊妹，經過一同參與馬拉松後，我們更了解對方，感情更深厚。

給我 最 掛念 的 外婆 6

第六章

給我最掛念的外婆

眼淚在眼眶迴轉，流下去，又再聚，很模糊。

總是寫不下去……

在我未出事前，我是和外婆同住的，她只照顧了我幾年，但印象還很深刻。記得每年暑假，她都會帶我四處散步，每朝早便一起去街市、吃早餐……挖耳。到了要上學的時候，有時我在家裏沒有早餐吃，她便在我上學途中等我（她的家就在我家附近），帶我去吃了才上學。若是時間緊迫的話，她會掏錢給我買早餐。因為她總是認為，早餐對人是最重要的，沒有早餐便沒有氣力和精神上課。這些看似是小事，就連爸爸、媽媽也不曾知道，但對於我，卻來得特別感動。

一拐一拐的守護

有一次，家鄉水浸，舅父在揹起外婆的時候意外弄斷了她的腿骨，及後更移位變形，所以之後幾年外婆已經一拐一拐，走路時十分緩慢。在我發生了意外後，她不但要照顧弟妹，還要來醫院探望我。而且最初我根本不懂得怎樣照顧自己，返回家中休養後還要她照料我們的起居飲食。雖然這樣，她沒有半句怨言，依然盡心盡力地守護着我。

她老人家經常嘮叨我，什麼事都不讓我操勞，就如每星期她都要替我洗頭，她總愛把我的頭髮洗得一塵不染的。一次她幫我洗完頭髮後，看見我的頭髮上有一塊皮屑，立即又幫我再洗一遍。她細心、愛清潔的性格有時會令我哭笑不得。

她愛打「老人牌」，有時候我會陪伴她，甚或與弟妹跟她一起玩。她的眼睛不太好，戴着一副千多度的眼鏡，看不清楚，我們便故意讓她「吃牌」，逗她笑。雖然當時我已經開始學會了自理，她仍然堅持不棄，每天走一段很長的路買東西給我吃。後來我也跟着她去買菜，當時我站在她的背後，看着她走路拐着拐着，一步一步，好像每一步都快仆倒似的，手裏卻拿着沉甸甸的餸菜，我心裏很不舒服，覺得自己很不孝，也很沒用，一點忙也幫不上。那時候自己就決心以後要好好照顧她老人家。

當日要離鄉移民來港，我沒有什麼留戀，也沒有什麼不捨之情，唯一最不捨得的就只有外婆。記得當日我是哭着來香港的，而這次一別，不知道何時才能再相見。自從我離開了之後，外婆的身體便每況愈下。我知道，她當時一定很孤單，因為再沒有人與她一起吃早餐、閒談、玩老人牌、逗她笑，再沒有人跟她去街市買餸菜，以後都要自己一拐一拐地走路……其後她更出現了失禁。記得有一次回去探望她，舅父對她都不好，不想她外出，讓她就如坐監一樣。舅父亦不想我們太接近外婆，怕我們帶她四處走動時會弄髒地方，當時我的心都傷透了，但礙於舅父的關係，也不敢說得太多，亦只能陪伴她一段很短的日子。

這是我心目中的「故鄉」，我的童年就是在這裏與外婆鬧過着，簡單但永不忘懷。

願您過着舒適的生活

二〇一一年某一天的中午，我身在廣州參加亞運會，整天都不斷在眼皮跳，心裏總是覺得有點不自在。當時我正在房間休息，突然間好像鬼壓牀，雖然是清醒，但動彈不得，我還聽到有小朋友在笑在叫，更清楚聽到外婆在叫我。當日比賽過後，晚上回到運動村，連平日不喜歡打電話回家的我，也抱着忐忑的心情致電回家，聽到的，卻是外婆過身的噩耗。

當我回到香港時，媽媽早已替外婆辦好了所有殯葬的儀式。我由當日壓抑着傷痛繼續比賽，及至返回家中，心情依然難以平伏。外婆和媽媽一樣，都是苦命人，一生勞碌，沒有享受過，對家庭百分百的付出，卻好像得不到一點回報。雖然我知道她們都活得知足，但我的心裏仍然很難受。當日得悉這個噩耗之後，我仍然要強忍着淚水，生怕教練及其他隊友擔心。回港後又怕家人擔心，所以亦很少提及外婆的事，一直在壓抑着自己的情緒……

淚仍然不停在流。

自覺虧欠了外婆很多很多，就連一幅與她的合照都沒有。我還沒來得及照顧她，還未有能力給她一點什麼，甚至未及見她最後一面，她已經離開我了。很想在這裏表達我對她更多的愛，但⋯⋯

　　淚仍然不停在流。

　　我只可以在這裏向在天國的外婆說：

　　「我很掛念妳。」

我畫的這幅《天居》，寓意天堂的意思。在我心目中的天居是這樣子的。我希望我的外婆能在這樣的天居居住，自由自在、無憂無慮地過着比凡間更舒適的生活。

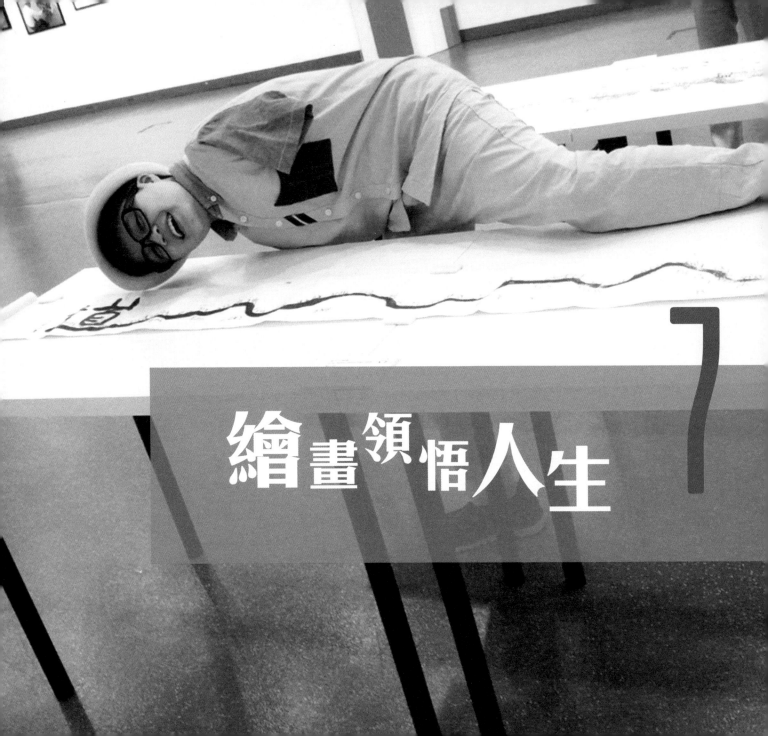

繪畫領悟人生

7

第七章

繪畫領悟人生

二〇〇六年底，學校老師帶我去參觀一位師姐的畫展，我在那裏認識了陳慧老師。就這樣，我開始接觸藝術，開始了畫畫。

我第一次用腳拿起筆，不是寫字，而是畫畫。我自小就喜歡畫畫，可是我從來沒有想過，也沒有渴望過可以學畫畫，因為我的家裏根本沒有多餘的錢讓我去參加什麼興趣班，所以自己也不會強求，直到遇到陳老師。

在那天見面後，我留下了電話號碼給她，但從來沒想過她會教我畫畫。她本來就不是經常在香港，所以我更不會想太多。直到接到她的來電，問我想學畫畫嗎？我急不及待回答她說：「我想！」她便問我什麼時候有空去她那裏上課，還跟我說了她那趟會在香港逗留的時間。然後，她就跟我媽媽說了一些話，後來我才知道，陳老師請媽媽不用擔心學費的問題，因為她會免費教我。

從地板上開始

　　陳老師知道我喜歡畫畫，但我家裏的條件不很好。我當時非常的感動、感激。說真的，意外後我一路走來都那麼順利，處處遇到有愛心的人。我失去這雙臂，又算得是什麼呢？

　　每一次上陳老師的課，我都有很寧靜舒適的感覺。我是在地板上畫畫的，每次老師都會蹲在地上教我畫，平時我也沒有留意到這個細節，直到有一次老師蹲下來後，要站起來的時候已經沒有以前那麼靈活。她站起來的時候，還要回一下神才可以走動。那一刻我的心痛了，老師這樣為我付出，我以後要怎樣報答她？老師除了用心教我，還在用生命在教我。有時候我在想，沒有幾個老師會像陳老師那樣為學生付出，我以後如果當上老師，我一定把這個信念和精神傳揚開去。

每一次上陳老師的課，她都會蹲在地上遷就我，但每一次她起來時都很費勁，我覺得我欠她實在太多。

看到自己的畫作可以在「擁抱生命」畫展（加拿大站）展出，心情十分興奮。

陳老師除了教我畫畫，還給了我很多機會。雖然我學了不久，畫也畫得不好，但陳老師仍讓我參與作品展覽，這對我絕對是很大的肯定和鼓勵。慢慢地陳老師還讓我參加更大型的展覽，又帶我到國外去參展。這種機會不是說有就有的，所以我也很珍惜。

首次參與畫展

二〇〇九年十一月，陳老師為她的學生們在多倫多舉辦了一個名為「擁抱生命」的畫展，老師安排了我到當地出席這個畫展。這是我第一次參與畫展，並去到那麼遠的地方，我當時真的十分興奮。

除了加拿大，我也曾與其他內地的傷殘藝術家進行交流。

那次我什麼都不用擔心，因為老師很細心地幫我安排了一切。當時我是與一位由老師請回來的義工，和一位師兄的媽媽一起過去的，

我稱師兄的媽媽做劉媽媽。劉媽媽行動不便，因為她之前中過風，我能幫上忙的都會照顧她。有機會讓我的作品在畫展中展出，我當然開心，但是讓我學到最多的，是在畫展開幕前，能幫助老師分擔一點點的工作。

學會細心照顧他人

整個畫展都是老師親力親為安排的，雖然她有其他朋友的幫忙，但是老師依然很忙，一邊要忙着開幕的事，一邊還要幫我們安排餘慶節目。看見她這麼辛苦，我都不忍心，所以就去幫老師打字，讓她可以準時交稿（她為當地報紙撰寫專欄），雖然幫不上大忙，小忙我能幫的都幫了。

此外，我也會去照顧劉媽媽。劉媽媽總是覺得自己上落車有困難，因此不想出外活動。所以我經常幫她按摩、做運動，舒展肌肉，好讓她較容易上車。劉媽媽雖然行動不便，但是她仍是一位愛美的女士。記得在畫展開幕前一晚，她一個人在愁着明天開幕時應該配搭穿什麼，並嘗試用單手替自己戴耳環，我跑去看看她在搞什

在「2014 香港精神大使」揭幕禮的台上，我示範了如何在紙上寫字繪畫。（圖片提供：香港精神 www.hkspirit.org）

別人用手繪，我就用腳繪，畫畫又豈只可以在白紙上呢？

麼鬼，被我發現她竟然在扮靚！看她那麼愛美，這麼可愛，我就借了一隻腳給她用。我們一人各拿着耳環的一部分，我一腳，她一手的，就這樣一手一腳幫她帶上了耳環。老師看到這個畫面都捧腹大笑了起來。就這樣，行程中有關劉媽媽的扮靚部分都由我來負責。我們這一手一腳，一天比一天合拍。這些點點滴滴都讓我在照顧別人時變得更細心，變得更好。

每一次和陳老師相處的時候都學到畫畫技巧以外的東西。在她身上能學到很多人生道理，做人處事的方式，還有施比受更有福的道理。除了媽媽和外婆，陳老師是第三個讓我感受到無私奉獻愛的人。我很感恩陳老師在我的生命中出現。我是個不太會用說話去表達自己情感的人，三言兩語也表達不了我對她的尊敬和愛。

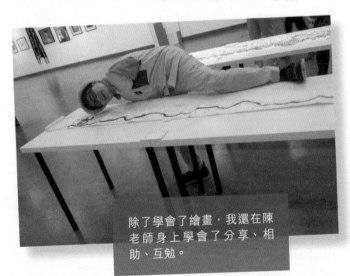

除了學會了繪畫，我還在陳老師身上學會了分享、相助、互勉。

義工分享：
感動他人 感動自己

8

第八章

義工分享：感動他人　感動自己

　　自己雖然傷殘，但是我並沒有因為這樣而放棄服務別人。我很喜歡幫助別人，也深信人與人之間是應該互相幫助，互補不足，所以我也參與很多不同類型的義工活動，用行動去感動別人，用生命影響生命。有不少人會問我：

　　「你不怕別人對你投下奇異目光嗎？你不怕別人歧視你嗎？」

　　說真的，第一次真的有點怕。因為做義工，我會接觸到很多不同年齡和背景的人，例如露宿者、單身人士等。事實上，真的會有很多人對我的外表感到好奇。我也會遇到很多意想不到的事情和考驗。但慢慢地，我便發現大部分香港人其實對我沒有惡意及歧視我的心態。他們懂得尊重別人，只是有時對我會非常好奇，而他們的注目禮對我來說也只是很小的意思。時間久了，我也習慣了別人對我的好奇，也不會常常留意着別人有沒有盯着我，我把一切都視為很自然，只要自己心態正確就是了。

　　記得有一次，我在家的附近等小巴，有一位伯伯看着我，走過來，繞了幾圈，

還想伸手出來摸我。我立時閃避，最初還以為他精神有問題，後來他説：

「為什麼不伸手出來？」

「我沒有手的。」我回答。

後來他看清楚，説：「真的啊！兩隻手都沒有了，真陰功！」

「我行得走得，才不會陰功！」我笑着答他。

就這樣，我跟他聊了一會，他還鼓勵我，叫我開心地生活下去。最後臨走時，他還堅持着對我説：

「再見了……真陰功！」

搞笑但感到很窩心。

又有一次，有一位小孩子看見我後，別個頭便問媽媽：

「為什麼姐姐沒有手？」

小朋友看到我沒有了雙臂，有時都會好奇地看一看，摸一摸，然後天真地笑起來。我也很高興因着這種失去而換來了這些溝通和交流的機會。

我便笑着回答：「對啊，我沒有手，因為小時候玩電出意外，所以你千萬要小心用電掣啊！」

我希望可以從另一個角度，教導小孩要小心用電。有時候，小孩子會對我很好奇，而且想走過來摸我，如果情況許可，我也會說：

「來吧，給你摸一下吧！」

當他們發現我沒有雙臂的時候，便天真地笑着走回父母身邊。我在香港遇見的，就是這些不斷用說話鼓勵我，甚或佩服我的人，與以往的冷嘲熱諷實在差天共地，而我亦因此再不介懷別人對我的眼光了。

傷殘也可貢獻社會

我走出來除了為幫助更有需要的人之外，還有別的原因，就是我要給其他的傷殘人士做一個好榜樣，向大家證明我們也能為社會、為大家作出貢獻。另一個原因，是要鼓勵他們，叫他們不用害怕，因為我們也能夠做很多事情，也能感動很多人。

除了探訪，我也曾做過話劇，宣揚愛與包容。

記得有一次去探訪露宿者，給我印象非常深刻。在中國內地，人們聽到「香港」二字，第一時間就會想起繁華都市，滿地黃金，那裏「只有富人，沒有窮人！」其實這都是大家一廂情願的幻想。每年的五一勞動節，都有一班工人上街遊行，發表他們在工作上遇到的不公平對待的意見，例如低工資、工時長等等……。大家試想想，出來遊行的大部分是有工作的人，他們為爭取權益才上街。但背後還有多少人沒走出來發表心聲？雖然香港有大部分人收入不錯，可是收入低微、甚至沒有收入的人也不少。

在「2014 香港精神大使」揭幕禮中，我希望憑藉自己小小的力量，以親身經歷，宣揚逆境自強及積極樂觀的精神。（圖片提供：香港精神 www.hkspirit.org）

我是一個小富豪

有時候，新聞報道或專題節目會提及一些貧窮、低下階層的人。我們對在電視所看到的，往往都有所保留、不太相信或認為一定沒有那麼糟糕。但我就親眼看到了「天堂」裏的「地獄」。你有沒有想像過走在繁華、熱鬧的街道上，周圍的建築物裏究竟住了些什麼人？你不知道，我也不曾想到裏面住了多少名獨居的失業人士

和長者。他們不是一人住一個單位，而是一個單位內住了十至數十人。那些板間房、籠屋，環境有多惡劣，你我都不會想像得到。

如果是有牌經營的板間房，環境還稍為好一點，但無牌經營的，環境就不堪設想。我聽一位住在有牌經營的板間房的伯伯說，他曾經申請過公屋，可是政府給他的單位都在偏遠地區，例如天水圍等新界地方。他住在這社區數十年了，要他去一個完全陌生的地方生活，他能適應嗎？即使籠屋的空間比擺放一張單人床的面積還要小，根本不能伸展四肢，一個月的租金還要一千三百五十元，他也選擇留下來。你知道政府給他的房屋津貼是多少嗎？只有一千二百多元。他為了居住在原址，寧願從積蓄裏抽出約一百元用來交租，但這一百元已足夠他買很多餐的膳食了。

雖然我的家談不上是個中產家庭，住的地方也不是很好，但相比起住在板間房或籠屋的朋友來說，我的家已是豪宅、別墅，我更是一個小富豪了！

感恩可以在不同的媒體中與其他人分享我的生活經歷，希望我的說話及笑聲可以勉勵更多人。

當我與其中一位伯伯傾談時，他說了兩句：「今年終於有人送月餅給我們過節，很久沒有人和我傾偈了。」我突然很感觸，這些看似普通、基本的東西，對他們來說已經是奢侈品。我簡單的一個舉動就能讓他們窩心，讓他們感受到別人的關愛。

我從來不相信在香港這個福地還有一羣比我更可憐、更需要幫助的人。我瞬間覺得自己幸福多了。就算我的家庭環境一般，還發生意外失去了雙臂，這又算得上是什麼？雖然不富有，但是最少我吃得飽穿得暖，還有一個能遮風擋雨的家。他們卻什麼都不夠，甚至沒有，這讓我更明白知足常樂的重要。而透過接觸不同階層的人士，讓我加深了對他們的了解，從前我對他們的恐懼感都消失了。他們並不可怕，而是更需要我們關心、關注和幫忙的一羣。

為什麼要自殺？

此外，我也開始走進了全港不同的學校。既然自己有特別的經歷，也有一些與其他人不同的過去，我希望能藉此鼓勵香港的學生。我突然有這樣的想法，全因為在分享會舉行前，接二連三發生了學生自殺的事件。我不明白他們為什麼那麼輕易放棄自己的生命。有些人想盡辦法渴望能活得長久一點

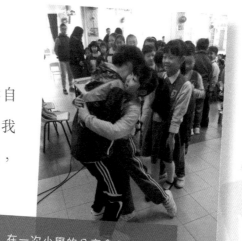

在一次小學的分享會上，同學排隊逐一給我擁抱，我覺得很感動，很溫暖。

出席了香港精神大使委任禮後，我覺得自己更有責任，為其他朋友宣揚生命價值的可貴。（圖片提供：香港精神 www.hkspirit.org）

時，卻有人放棄自己的生命。我當時百思不得其解。我知道那種想擁有，但又不是自己可以控制得到的無奈，並感覺到生命的脆弱。自己能掌握生命，卻選擇了放棄。知道生命有多寶貴嗎？不明白香港的青少年怎麼會那樣輕視生命。所以我要走出來，告訴大家生命的可貴、生命的精彩，鼓勵大家，勉勵大家，即使遇到再大的挫折，只要堅強面對，便能跨過；跨過了，那就能看見彩虹。

　　每次到不同的學校分享，我都會有不同的感受和得着。我經常到常規學校去做分享，反而沒去過特殊學校。記得第一次去特殊學校分享時我很擔心，因為校內都是不同程度的智障或患有自閉症的學生。雖然我本身也是在特殊學校讀書，但是我身邊的同學都只是肢體傷殘，所以我平時很少接觸到這一類學生，我對他們並不了解。而我對他們一點點的認識都只限於來自外界對他們的一些誤解，我害怕不懂得和他們溝通，也擔心他們聽不懂我的分享。

我嘗試讓同學除下鞋襪，試一試用腳繪畫，她們的表現十分不錯啊！

到了學校時，我才發現之前的憂慮是無謂的。他們不是人們口中所說的那樣，不受控制，會打人。他們都很乖，雖然他們不太會表達自己，但是他們對外界和身邊發生的事情是有感覺的。

在我分享的時候，他們都非常認真聽我說，甚至有些同學會有回應。他們的世界都很單純、很簡單。他們喜歡你就會直接用行為表達出來。他們感動了就會落淚。在分享後，我都會給他們一個擁抱，同學們都踴躍出來抱我。記得當時有好幾位同學都哭了，我不知道發生什麼事，後來老師告訴我，他們被我感動了，所以一直在哭。當時我心裏一下子都被感動了，因為他們都知道我今天來做什麼的。他們很喜歡我，對我依依不捨，在我要離開的時候，有兩位同學更一直拉扯着我，不讓我走。老師說他們平時沒什麼反

到特殊學校探訪，令我印象最深刻的，就是當我離開時，有同學攬着我不願放手。他們被我感動，我也被他們感動了。

我示範用腳繪畫竹的技巧，讓同學知道，我做到的，他們也可以做到，甚至做得比我更好。

應，也不太懂説話，今天卻很乖，看見他們的反應，我被他們深深感動了。回想自己過去的種種，又算得上是什麼？

我深深感到，人生出來本來就是一無所有，隨着歲月，我們遇到很多事、很多經歷，但在過程中，有些事並不是必然的，它可以不讓你遇上，但若你遇上它，你就要感恩。正如幸福不是必然的，同樣的道理。

我也曾經迷失過

自從移居到香港，我做什麼事都很順利。縱使面對不同的問題和困難，都很快就能夠解決和克服，而且還有很多看似垂手可得的機遇，根本不需要我努力去爭取。而在這些機會裏，往往也很輕易就得到一些東西，例如獎項等。那時候的我對未來沒有目標，只有想做什麼，或者應該去做什麼，便做什麼。每一次被學校推選去參加一些活動，我得獎的機會有着八、九成，不管是獲選「十大感動香港人物」，得到優異獎，還是獎學金等。最初，這些額外的獎賞對我來説是一種鼓勵，也是一種推動力，鞭策我做得更好。可是久而久之，我對於獎項便有一種麻木的感覺。我知道這些機會不是每個人都有，我也知道有些機會甚至很難得。我感恩有很多能參與不同的活動的機會，而在活動裏，我學到很多，看到很多，也聽到很多不同的故

事。但有一個說法是沒錯的，就是「不管你經歷過多少風浪，當你擁有太多的時候還是會迷失自我。」那時候的我，開始迷失了方向。加上一年三百六十五天不變的時間表，除了有時候會有些小插曲，不然就是年復一年，開始感覺自己是個機械人，受制於一套既定的指令。

我感恩自己在各項的比賽中獲得了不少獎項，但有時我也會覺得很迷失，甚至失去了自我。

在別人眼裏，我的生活很多姿多彩，可是我卻迷失了自己。我做什麼都沒有動力，就連獲獎時，我還會在想是不是大家可憐我才給我的？就算遇上意外，我也從來沒有那樣情緒低落、感到那麼負面。內心一直有一把聲音，我也不知道那把聲音是什麼？差不多在迷宮裏困了大半年，我依然找不到出口。到底我未來的目標是什麼？我應該再奉獻些什麼？我應該做運動員、設計師，還是高中畢業後就在家呆一輩子？

直到有一天上學，出門不久便下雨，雨來得很快很大，大得讓我寸步難行。當我想停下來避雨時，我背後有一把傘遮着我，是媽媽！她知道下雨，撐着傘跟着我下來。

那天，媽媽陪着我等車。上車後，我就看着媽媽一個人過馬路，當時我的心很痛，我連我要活得更精彩的理由都忘了。我曾經對媽媽許下承諾，以後我會照顧她，讓她享清福，我竟然也忘了。她一直在支持着我，我卻在迷失了自我。那天起，我也不太強求自己要定下什麼目標。對於每天要做的事，也會用另一種心情去享受。慢慢地，活潑樂觀的我又回來了。

我也有灰暗落寞時，但不知道為什麼，我總會很快回復過來，或者這就是天性吧！

越想得到　越得不到

過了一段時間，我在港鐵站裏看到一則廣告，呼籲具有香港精神的人參與一個活動。那一刻，我內心的那把聲音又出來了，很確定這個活動我一定要參與。從前，我一個人的力量不夠大。我需要一個渠道，幫助我去服務社會上的弱勢社羣，特別是心靈不健全的人，於是我報名了。

從來沒有那麼想獲得一個獎項，不是因為它有豐富的獎品獎金，而是它給了我一種特別的力量。我越想獲得，便越期待。我甚至為了面試大費功夫，常在想怎樣才可取悅評判。可是，我還是沒有被選中。當時我是有點失望的，同時我也明白到一個道理，機會不是你想要就能有，別人不給你機會，你就不會有機會。還有，我深深明白到，越想得到，就越得不到的道理。得到的，便要珍惜。

成功入讀夢想院校

今年高中畢業後，我的學習到了另一個階段，也是我朝向夢想和目標的起步，這就是入讀香港藝術學校了，這個決定帶給了我一些意料之外、有驚有喜的收穫。

由始至終，我也一心想回國內進修藝術，因此我也沒有報讀本港的大專校院。我一直相信，每個人都沒有絕路的，因為天父總會為我們留一條後路。之後我也不知道什麼原因，就在剛截止報名的時候，我報讀了香港藝術學校，也獲得了面試的機會。

我珍惜可以入讀藝術課程的機會，希望日後可以繼續在繪畫方面努力，繼續以生命影響生命。

記得面試那天是文憑試放了榜的第二天，我很緊張。我的文憑試成績並不好，英文還不及格，我很擔心，不知道學校會不會取錄我。到了學校，那裏有一種莫名的親切感，我形容不了當時的感覺是怎樣的，但是我有一種強烈的感覺，感覺一定要留在這裏進修藝術。

我的面試很順利，導師們也對我印象不錯。可是，一位傷殘人士要入讀一間正規學校難免遇到一定的困難和問題。當時校方不是考慮是否取錄我，而是擔心取錄我之後，院方的設施不足，會影響我的學習。那時候，我才明白，光是對自己有信心去面對困難是沒用的，還要別人對你、甚至對他本身一樣有信心才可以。後來，得到中學校長的支持，中學的工作人員特別為我製造桌和椅，加上鄧媽和其他熱心人的幫助，才能讓香港藝術學校校長放心取錄我。直到現在，我學習得很愉快，還能認識到一些志同道合的同學。大家一起為自己喜愛的藝術，一起為自己的夢想、目標努力和奮鬥。

日後盼用畫藝感染他人

現在，我除了繼續學習藝術的課程外，還不停地到處去，以生命影響生命。繼續走入全港的中、小學，以自己的經歷，和大家分享當中的喜與樂，把正能量散發

出去。除此之外，我亦會參與不同類型的義工活動，去幫助更需要幫助的人。

比較雙人單車，這架家庭式三輪車容易踩得多了。

　　另外我也會不斷挑戰自我，尋找困難，再克服困難。最近，我嘗試騎單車，雖然是雙人單車，但我還是會遇到困難，例如在平衡方面，但就是在不斷的嘗試下，困難也一步步地解決。其實每一次的自我挑戰，都是我學習解決困難的機會，我十分享受當中的過程。現在除了騎單車，自己平時也喜歡到處行山及遊玩，和同學朋友親近大自然。

我喜歡與朋友行山，大概是因為我喜歡大自然，郊遊令自己舒泰，亦為我的畫作提供了不少靈感。

　　對於未來的生活，我自己一直想用自己的小小力量去幫助別人和回饋社會。以前我想做一個產品設計師，幫助有特殊需要的人士設計輔助工具，讓他們得以獨立、自理。雖然我現在還未可以修讀有關的課程，但是無論在現在抑或未來，我都希望運用我的小聰明去幫助朋友解決問題。

每次郊遊，去到一些奇形古怪的地方我都會覺得特別興奮。

現在我修讀的藝術課程，清楚知道自己其實依然很愛藝術。我知道藝術才能給我最大的能力去回饋社會和幫助別人，因為透過藝術我能夠接觸到不同人士，幫助別人的範圍亦會越廣。在未來的日子裏，我會繼續進修畫藝。另外，我也會從事有關教育藝術的工作，一邊創作一邊教別人繪畫。除此之外，我還會義務教基層的小朋友和

我希望憑着雙腳繼續進修畫藝，用畫藝去接觸更多人，幫助需要幫助的人。

特殊的朋友畫畫，因為我覺得他們都應該有權及有能力去接觸藝術。在我的眼中，藝術是屬於大家的，人人都應該可以擁有。這就是我的目標，也是我未來的生活和工作。

足以 自豪 的 生活

9

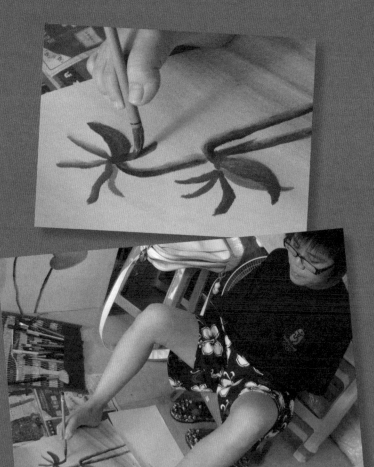

我喜歡畫畫

　　失去雙臂後，就連生活，甚至執筆寫字，對當時的我來說都要慢慢學習適應，繪畫便好像一件奢侈品，甚至是遙不可及的事。直至二〇〇六年遇上了陳慧老師，是她主動問我是否願意跟她學畫畫，是她幫助我在香港甚至遠赴加拿大多倫多開畫展，這不單止讓我可以做我最喜歡的事情，更可藉着這項小小的技能，與其他同學分享，這種分享才是最令我自豪、高興、難忘。

以腳代手

先放好矮椅、報紙、畫筆、顏料、水，用腳趾公及第二隻腳趾夾着畫筆練習。腳要定，身體要平衡，還要小心不要讓「借力」的腳跟印在畫紙上。

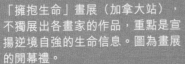

「擁抱生命」畫展（加拿大站），不獨展出各畫家的作品，重點是宣揚逆境自強的生命信息。圖為畫展的開幕禮。

陳慧老師帶我前往多倫多參與「擁抱生命」畫展，那一次確實是一個難忘的經歷，認識了很多新的朋友，還可以在尼亞加拉大瀑布與彩虹合照。

以往沒想過開畫展，現在竟然可以在「共融藝術計劃」中展出我的作品，心情激動！

單腳繪畫

站起來繪畫需要有很好的平衡力及定力，現在我已算是揮灑自如，隨心所欲了。

同學覺得我用腳繪畫很神乎其技，我就讓他們親身試一試，雖然最後弄至滿地都是顏料，但他們總算體驗到箇中的困難與樂趣。

喜歡挑戰自己

香港沒有別人所說般有遍地黃金，但卻是一塊真正的福地，因為她給我的不是金錢，而是機會。我有比在內地更多、更好的學習機會，只要我願意放下心中的包袱，踏前一步，積極參與，前面的機會總會比想像中的多。過程中，我接受了別人對我的目光，克服了自小怕水的心魔，加上反覆的嘗試和練習，我得到的不只是各種大大小小的獎項，而是從不斷的失敗和汗水中，找到了自己。

感謝張 Sir

周年泳賽後的一幅合照。張教練（右一）不只對我，他對其他隊友亦十分關心、照料，他是我生命中其中一個很重要的人。

除了張教練，我還要感謝
陳潔貞教練，有她的鼓
勵、支持和照顧，我才可
以在 2013 年的周年游泳
比賽取得好成績。

不要誤會我有心踩着別人，
這是我在亞運會時，替義工
在背上簽名留念。

2011 年廣州亞運會是
我參加過最大型的賽
事，開幕禮時與三位
志願者先來個合照。

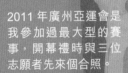

最愛游泳

游泳是我現在最喜愛的運動，所以每次
的比賽前我都特別興奮，不是想着要得
到多少獎牌，而是想着自己可以參加比
賽已經很滿足。

只要毋需用手的活動，我
都會嘗試去參與、挑戰，
這一次就是我參加周年運
動會中的跳遠比賽。

終於衝過終點！這次三項鐵人賽不只是考驗我的體能、耐力、意志，還要説明，即使沒有了雙臂，我還可以做到更多。

三項鐵人賽

這是我參加三項鐵人賽事前，與老師、教練合照，為了這個比賽，我練習了很長的時間，所以十分期待這天的來臨。

我在傷殘人士體育協會的晚宴上獲得傑出游泳運動員獎，與周一嶽醫生、教練們和隊友合照。

我經常會想，自己可以做什麼，或者有什麼可以做得更多？經過傳媒的報道後，我收到不少學校的邀請前去參與分享講座，得到這種榮幸與機會，我當然欣然接受。但老實說，每次的分享會前我都十分緊張，不知道同學會如何反應，其後卻發現每次我都是想多了，因為他們都十分熱情、反應踴躍。記得有一次分享會過後，他們逐個前來抱抱我，並說了一些鼓勵話，令我十分動容。

在澳門學校的分享會後，同學們都主動要求與我合照，我當然來者不拒啦！

媽媽有空時都會陪我參與不同的活動，這是我在澳門學校的分享會後與媽媽的合照。

好緊張！

其實最初參與學校分享會時也挺緊張的，所以我每次在分享會前都會做好準備，盡量放鬆自己。

這是我在其中一間小學做分享
會，希望我的說話可以對他們
將來的成長帶來正面作用。

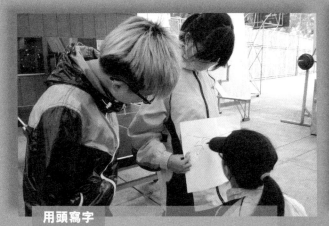

用頭寫字

同學嘗試用頭寫字，來感受一下沒有手的感覺。

分享會後，同學前來與我擁抱，互相勸勉，令我十分感動。

分享會的主角是我，但我不會單向式像傳道一般，而是希望與台下的同學做真正的朋友，他們就是我在其中一個澳門學校的分享會中認識的好朋友。

　　我喜歡做的事有很多，朋友看到我手機上密密麻麻的工作編排，總覺得我做得太多，這容易令自己很疲累。但我反而覺得這樣的生活才算充實，因為每次知道有新的工作或者活動，在限期前與其他人一起籌備，又或者自己不斷練習，捱更抵夜地工作，最後完成目標，那種刺激與滿足感，真的是超爽！

有機會在無線電視錄影「放學 ICU」，感覺很新鮮。

做司儀

這次不是上台領獎，而是在「新晉展能藝術家大匯演」中做司儀，我已經出席了三屆，但每次都覺得很新鮮，很好玩。

這是其中一位「屈臣氏學生運動交流團」的團友，我們在回港後的聚餐合照。

我喜歡泡茶，難得有機會參與「愛心茶宴慈善會」，自然不亦樂乎。

　　朋友對我來說很特別，他們對我失去了雙臂沒有任何介意，只是初相識約會的時候，表情有點錯愕，但當彼此熟絡後，他們似乎也忘記了我沒有雙臂，視我如其他人一樣。他們不會因為憐憫而和我一起做朋友，或是用客套的說話來遷就我，而是真心地和我做朋友，我們一起玩，一起笑，一起分享，一起分憂，直到用餐時，我用腳趾拿筷夾匙的時候，他們才記得我沒有雙臂，那時才半笑半說：「呀！忘記妳原來沒有手的，哈哈哈……」我就是喜歡他們。

合家歡

難得一班好朋友又相聚在一起，她們幫助我進行拍攝工作，來一張合家歡感謝照當然少不了。

多謝你！

妙妙平時都很喜歡靠着我，特別
是在睡覺的時候，我也一樣，總
喜歡靠着牠睡。有牠在我身邊，
即使當日遇上多糟的事情，我都
會忘記得一乾二淨，我真的很感
謝你——妙妙！

閒時我都會帶妙妙去海邊散
步，但最近忙了，少了時間
陪伴牠，牠不會嬲我吧？

生日那天，當然要和
我的好拍檔妙妙來個
合照啦！

我很喜歡狗，家中除了妙妙，每次在街上看見可愛的狗狗，都忍不住要求和牠合照。

和朋友小左到澳門玩，兩人坐在大三巴休息……珍惜與朋友相聚的每一刻。

黃金組合

這是我的中學同學招招，他有手，我有腳，互補不足，所以我們不時逛街，非常合拍。

我與中學同學份外合拍，因為彼此明白對方的困難，是難得的好朋友。

借一借

我平時在學校經常借同學的手來用，他們也很樂意幫助我，彼此樂在其中。

中學畢業了！我和同學來一個畢業旅行。現在大家都忙，很懷念當時的開心時刻。

我愛玩，我的朋友也愛玩，所以每次出外聚會時，大家都不會正正經經地拍照，這一幅已是最「正常」的了。

左邊是路人甲，右邊是我的好朋友少君，中間那個人做什麼？隨心想吧！

看到自己

在街上看到一位小朋友，孤伶伶的，於是我也陪他坐，我看着他，他就害羞地背對着我，就像童年的自己。

像一家人嗎？他們是自由行的旅客，當時我貪玩去學攝影，誰知道他們主動走來和我來個合照，感覺很親切。

什麼也喜歡！

　　或者是經歷過生命的嚴峻考驗，懂得失而復得的恩賜，所以我對身邊的任何人、事都特別珍惜，覺得新接觸的東西都會感到新鮮、有趣，除了繪畫、藝術、運動，我試過做 Model 行 Cat Walk、在 Studio 夾 Band 唱歌，但我也喜歡寧靜和大自然，還不時思考着將來……

做模特兒

我喜歡拍照，也喜歡被拍照，一次與朋友去中環的畫廊看畫展時，順道當他們的模特兒。

冀望簡單生活

我坐在一張設計簡單的籐椅上，
想像着自己是一位老人家，想像
着自己將來的生活，希望簡簡單
單的過日子。

紙包蝸牛

我喜歡嘗試新事物，這是我第一次做再造紙，我還放了一隻很細小的蝸牛在紙上，紙包蝸牛，不知味道如何呢？

茶果嶺的街坊對我很好，我很喜歡與她們聊天，每次到這家茶餐廳吃飯，我都有回家的感覺。

我希望透過傳媒的訪問，讓更多人知道，即使沒有了雙臂，生命仍然可以活得精彩。

足以 自豪 的 畫作 10

我喜歡繪畫，不單只是喜歡繪畫的過程，而是可以在一個寧靜的空間中，透過想像力，隨心繪，隨意畫，可以是天馬行空，亦可以緊扣着現實世界。但無論是什麼類型的畫作，每幅畫都會是我的心底話，我希望透過一幅平面的作品，令觀眾對我或者畫作背後要表達的意念立體化，這種畫外之音正是我喜歡繪畫的最大原因。

畫題：逆境自強

《逆境自強》敍述了我的成長過程。
不管在什麼環境下，我都能堅持下去，
克服困難，活出不一樣的色彩。

畫題：萬里行

我的創作意念是想表達人生就如一場「萬里行」，
正如在萬里無邊的沙漠裏，騎着駱駝的人行走萬里路尋找食物一樣，
而在我們漫漫長路的一生中，也是需要像萬里行一樣追求知識，豐富人生。

畫題：扎根

我們都需要堅實地「扎根」。
扎根對我來說不一定是基礎，這可說是一個堅定的信念。
信念對我們都很重要，
沒有信念我不會堅持到現在，沒有信念我不會活出精彩。

畫題：逆流

「逆流」而上，路途艱辛，這就是我喜歡挑戰的原因。
做什麼事情也好，過程不容易才會給我們帶來精彩。
雖然期間有苦有甜，這才是我們需要的色彩。
這些色彩不但豐富了我們的生命，還可以令我們不斷成長。

畫題：逆風行

《逆風行》的創作意念是即使遇上困難也要迎難而上，
就如畫中的小鴨子，雖然身處在不利的環境，牠仍能一步一步地逆風而行，
不怕路途有多麼艱難，只要堅持，依然能逆風而行，走到終點。

畫題：出塵不染

在這個充滿競爭的社會裏，誰能做到「出塵不染」？
不跟隨社會風氣，依然能堅持追逐自己夢想的人已經不多，
所以有夢能去追是非常寶貴的。
我很珍惜我能夠繼續追求自己的夢，也希望有夢的人別放棄追夢。

自然

我很喜歡大自然，每次有空
的時候，我都期待與三五知己
到郊外走一走，除了可以呼吸清新的空
氣，更可以親身接觸到、看得到山水蟲鳥、花
草樹木，它們各有顏色、形態和神髓，這給我
在繪畫上提供了很多靈感和題材。藉着描繪
大自然的景物，除了要表達我那一刻的心
緒和思路，更希望人們從中明白大自
然的可貴，珍惜各種生命。

畫題：桃花

「桃花」對於很多人來說只是在新年裏出現的擺設，因為人們相信
它能給自己帶來桃花運。

但是在我的眼中，桃花只在新年裏受到重視，壽命短暫，新年過後
只會成為另一堆垃圾。

我的家人從來不買桃花，而且就算可以選擇，我只會選擇畫永恆的
桃花，因為它永不凋謝。

畫題：生存

這幅畫是要表達全球暖化的問題。

我是一個熱愛大自然的人，

大自然的世界很奇妙，千千萬萬的動物都住在這裏，而人類的發展卻對大自然造成了傷害。

畫題：洗我心靈

接近大自然，我的心就會很寧靜。

曾經有人說：「越接近大自然，我們的心不
會受到污染，純潔的心依然存在。」

我很相信這段話。

每逢我心煩氣躁，心緒不寧的時候，我也會
走進大自然吸收靈氣，「洗我心靈」。

畫題：尋找大海

陸地上，山峯上，舉頭望天，低頭不見底，大海在何處？
《尋找大海》的創作意念是來自住在山上的人們。
他們一輩子都住在山上，大海對他們來説是遙不可及。
海在哪裏？
對他們來説永遠是個問號。

畫題：蓬萊

《蓬萊》是我的隨筆，執筆前沒有特定想要表達的寓意，
但繪製完成後發現，其實心裏渴望着的仙境就是這樣：
恬靜、簡約、脱俗。

畫題：自然恩典

這幅畫想要表達的東西是很直接的，
這是大自然給我們的恩典。
我從小就很愛大自然的一切，也在大自然的懷抱裏成長，
沒有大自然就沒有我們。
在社會發展的同時，我們應該牢記，
是大自然先給了我們養分和資源，不要忘恩。

畫題：彎桃花

這幅《彎桃花》有點抽象，
桃花彎曲變樣了也有另一種美。
欣賞的人會有不同的感受，你呢？

這個篇章的畫作都是以水墨繪成，而且多以山水等大自然元素作畫。然而，有時我也想破格一下，以較現代的「腳」法描繪山水以外的元素，就如《破繭》和《童年》。但無論用哪一種表達方法，我都希望從畫作中表達自我感受，展示我對將來的憧憬。

畫題：相伴

《相伴》，很多人聽到這兩個字就會聯想到愛侶才會與自己相伴。
在我的理解之中，相伴不一定是愛侶才會和自己相伴，
我就用了兩條金魚表達相伴的意思。
我暫時沒有愛侶，但是一直以來與我相伴的媽媽都和我跨過大大小小的難關，
經歷過不少的困難，她就是我最好的「相伴」。

畫題：桃源

《桃源》是我創作下的另一個意念。
經常有人説世外桃源，是一個何等超凡脱俗的地方，
我也很渴望世界上會有這個地方，
能在桃源裏生活，過着自給自足、無憂無慮的生活。

畫題：我並不孤獨

《我並不孤獨》講述了我的感受。
雖然我發生了意外，意外帶來了很多冷言冷語，
一度讓我獨自留在家中，在其他人的眼裏我是孤獨和寂寞的。
但是我在我的世界裏卻並不孤單，
我甚至覺得自己是一朵正在成長的花。

畫題：風帆

「風帆」能在大海上行走，
還需要有着藍天白雲好天氣的配合，它們才能一帆風順。
而我也可以説得上一路以來也像遇上藍天白雲的風帆一樣，
一帆風順。

畫題：家園

我夢寐以求的「家園」就是這樣子：

無憂無慮，自給自足，沒有戰爭，和諧共處。

我知道這種想法很天真，

但正是現在沒有這樣的一個世界，我才這麼嚮往。

畫題：藍林

我很喜歡藍色。

藍色總會給我希望、陽光的感覺。

如果森林不再是綠色，披上另一件藍色的衣裳，

會變成一個怎麼樣的森林？

大家不妨想像一下，確實有趣。

畫題：童年

我很少畫人，這幅《童年》是較少有的。
這裏寓意每個人的童年都是純潔、簡單、美好的。

畫題：兒時味

小時候最喜歡的玩具都是來自花草樹木。

不同的花卉都有不同的結構，

我除了會欣賞它，還能造出不同的飾物。

採花雖然不好，卻讓我留下了一段美好的童年回憶。

畫題：藍色的夢

蝴蝶的生命雖然短暫，但是牠們的生命卻很美麗，

對於我來説，這已經足夠了。

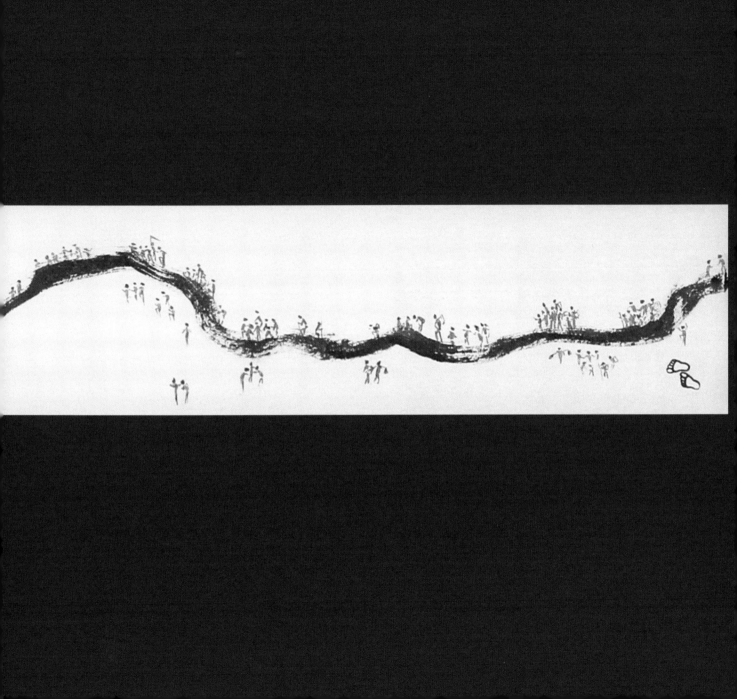

互相勸勉

《道》寓意人生的道路。在這條道路上總會遇到不同的人、不同的事、
不同的挫折。如人與人之間可以互相扶持、互相幫助、互相勸勉，
彼此的關係自然會更加親密融洽，社會氣氛自然會更包容和諧。

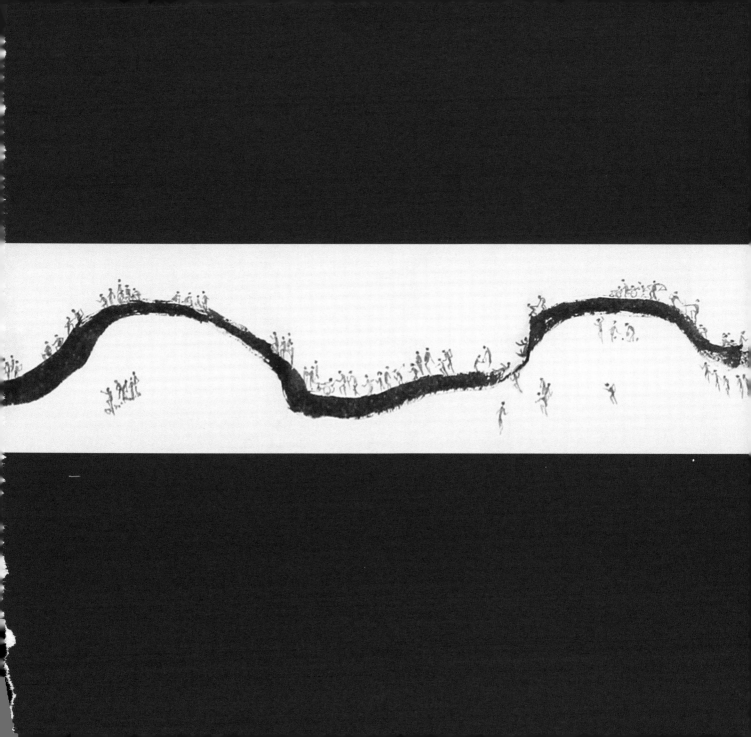

我的同行者

雙贏的挑戰

受訪者：

張煥文

香港傷殘人仕體育協會游泳總教練

　　二〇〇七年五月十三日，是張 Sir 認識小芳的第一天。日子記得這樣清楚，是因為小芳給張 Sir 第一個印象就是這樣深刻：那個時候是在昆明舉行的第七屆傷殘全運會，當日在飯堂，張 Sir 發現了一名穿着香港代表隊制服的女運動員，最初還以為她是一名跟香港代表隊隊員交換了隊衣的內地運動員，但到了晚上發現她回到運動村的香港隊宿舍，才知道她是一名參加田徑項目的香港女運動員。

　　張 Sir 說：「我當時想，這麼多年來香港也沒有一名失去雙臂的女運動員參加傷殘游泳項目。於是第二天我便抓緊機會，前去問她為何不參加游泳比賽，小芳微笑着回答：『我不懂游泳。』那我便向小芳提出，回港後由我來教她，小芳隨即展露笑容答應了。最初我還以為她只是說說而已，但回港後她很快向我報到。她十分明白以她的情況，在練習時會出現意想不到的困難，但她依然跟我說：『我一定會學識游水。』就是這份樂觀與堅持，令我對她的印象這樣深刻。」

　　事實證明，一位沒有雙臂的人在游泳時所遇到的困難，非一般人可以想像得到。莫說是游，就連基本的更換泳衣、上落泳池、甚至學習換氣呼吸也有困難。就如更換泳衣這看

似簡單的事，只要沒有她的家人或女助教有空出席小芳的練習，那當日的訓練便要告吹，「雖然有時可以請其他學生的家長幫助小芳換衫，但不是每一個都願意這樣做。」張 Sir 攤開雙手無奈地說。

至於到練習游泳時，最初張 Sir 會找來兩至三位助手從旁協助，以確保小芳的安全為首務，自己則站在池邊指導助手及小芳。他們首先是托起小芳的下巴，然後集中訓練腰部肌肉，以讓她學會浮身、托頭、閉氣及口鼻呼吸。張 Sir 還為小芳特製了多個浮物，綁在她的頸、胸等部位，令她更容易掌握箇中技巧。最後，小芳只是用了四至六個月便可以在不需要別人及浮物的輔助下，自行游泳，甚至學齊四種泳式及跳水了。說到這裏，小芳衝着說：「哪有四個月？我學了一個月你就叫我去跳水了！」大家相互傻笑，彼此的笑容是那麼合拍、滿足。

張 Sir 這份滿足感，不是單向的，正如他說：「最初確定要教一個沒有雙臂的小女孩，我一點也沒有發愁，相反我覺得很興奮，因為我知道將會面對的挑戰，是前所未有的。但我對自己說，一定要成功，就算有多困難也要教下去。今次正好是一個難得的機會，令我有機會教小芳游水，令她有得着；同時也教會了自己，從指導中得到寶貴的經驗，自己也有得益，Win Win ！」

只是經過兩年的特訓，小芳在多個比賽中已經有不錯的成績，其中包括在第十六屆穗、港、澳、台四角賽，她一口氣奪得一金、一銀、四銅的獎項。現在進行練習時，亦會

被其他泳會邀請她作示範，張 Sir 補充：「要她示範游水，重點不只是示範，而是要讓池邊的運動員，尤其是健全的青少年，看到以及明白到即使自己缺少了什麼，甚至是身體任何一部分，仍然可以鼓起勇氣，面對挑戰，苦練才有美好成果，眼前就是實證。」

被問到對小芳的成績是否滿意，張 Sir 再次展開百分百的笑容說：「滿意，當然滿意。」

訪問完畢後有一段小插曲，就是當張 Sir 批評新建的泳池設施，欠缺對傷殘人士的照顧。例如把扭動式的水掣改成熱能感應的水掣，「表面上是防止細菌傳播，節省用水，但就如沒有雙臂的小芳，她如何可以開水掣呢？」正當他伸出雙手，一面說一面搖頭，在旁的小芳輕描淡寫地說：「我還有腳嘛，有腳就可以開水啦！」

那一刻，即使張 Sir 面帶不悅，似乎也被小芳那種天生樂觀的性格一下子被完全撲熄了。

給小芳的話

得閒要多啲嚟游水，順便吹吓水嘛！

完美的人

受訪者：

潘健侶

香港殘疾人奧委會暨香港傷殘人仕體育協會總教練

「實在想不到她有什麼缺點，甚至要改進的地方⋯⋯」

小芳在潘 Sir 的心目中可説是完美。

「已是十年前的事了，最初認識楊小芳是經由學校轉介，她來到香港體育學院學習一百米及二百米短跑。我對着傷殘運動員並不陌生，當然，以小芳的傷殘程度來説是較特別的。一般的運動員就算截了肢，手部還剩下部分骨骼及肌肉，這仍可帶動身體，幫助平衡及加速。但小芳完全失去了雙臂，在比賽時會較吃虧。然而，從另一邊廂看，練習內容反而更簡單，因為我只需要集中鍛煉她的雙腳便可以了。」潘 sir 笑説，他跟小芳踢過足球，發現她其實「好扭得」，那時便覺得她的身體靈敏度很高，這亦有助她增加跑速。

「當我第一次見到小芳的時候，並不是想着如何教導她，我反而對她的日常自理問題感到興趣，例如我會問她如何用八達通搭車，如何食飯、寫字等。自己從中會多了一份經歷，從了解才知道，其實她跟其他人一樣，什麼都可以做，什麼也可以自理、自主，心裏產生了一份敬佩。」

大部分的運動員，都是從運動中獲得了好處，例如透過鍛煉身體，跑步速度有所提升；或是從訓練中，由本來消極的性格，最後磨練出堅毅的意志等。然而小芳在潘 Sir 的心目中是獨特的，他說：「運動對小芳來說，我覺得只是一項娛樂，一種調劑。運動給予她的比較少，她不需要從運動中得到什麼所謂『好處』，因為運動只是一種誘因，誘發她的潛能，而她的樂觀和不屈不撓的性格是天生的、固有的，只是透過運動從她的本能上發揮出來。她更不似某些運動員，得獎後變得驕傲自滿，甚至扭曲了本性，小芳不會這樣做，因為她根本不需要這些。」

不過，說到與小芳相處時最難忘的事，就是與她的一頓飯餐中的談話內容，「那時我已經記不起為什麼會說到她的家庭，當時小芳說：『那時我的爸爸不要我了，但我一樣覺得很幸福。因為在我失去雙臂，在東莞留院的時候，看見隔鄰的病人，傷口因為缺乏護理引致發臭也沒有人理會，但當時我的身邊，還有媽媽，她對我仍然不離不棄，我覺得我真的很幸運。』她還說了她對弟妹的看法：『雖然細佬經常打機，但我仍然希望他會努力讀書，自強不息；至於妹妹，記得當初我未習慣失去雙臂生活時要她照顧，甚至要依賴她才可以沖涼。我知道她會覺得很污穢，甚至感覺厭煩，但我不會怨她，因為我知道，如果不是沒有了雙臂，我現在沒有可能得到這麼多。』」

潘 Sir 口中的小芳，就是一個懂得忘記過去，學會感恩的女孩，她還懂得比其他人付出更多。就如她經常到學校出席講座，勉勵學生，喜歡與同學聊天，分享經歷，其他人亦

會被她的生活態度所感染。事實上，雖然她得到很多人的讚賞，甚至取得了一些榮譽，但她一點也沒有被社會某些價值觀所動搖，「還記得有一次我問小芳，有沒有想過選傑青*，她說沒有，因為她只想按着自己的想法生活下去。就是這種無我，只為他人設想的性格，感動了其他人，也感動了我。所以如果你問我她有什麼缺點，或者她仍有什麼地方需要改進……我實在想不出來。」

被問到希望將來小芳會有什麼成就，潘 Sir 的面容變得滿足起來，他微笑着說：「我不會說希望她將來找到一份什麼樣的工作，每個月賺多少錢，我只是希望她做回自己，快活地生活下去已經足夠，最重要是做自己喜歡做的事，例如畫畫……」但他突然又皺了皺眉頭，「但我擔心她的脊椎，因為她要彎腰畫畫，脊椎長時間承受身體重量會造成不良影響，畢竟健康才是最重要啊！」

筆者看到潘 Sir 語重心長的表情，突然覺得他就好像小芳另一個爸爸。

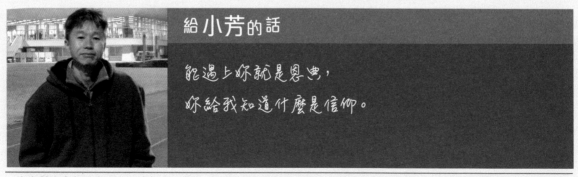

給小芳的話

能遇上妳就是恩典，
妳給我知道什麼是信仰。

---

* 十大傑出青年選舉，藉以表揚在工作上有卓越表現及對社會作出貢獻的 21 至 40 歲的香港青少年。

易如反掌 Vs 沒有雙掌

受訪者：

鄧淑雯（鄧媽）

職業治療師

　　在一個公開場合的致謝辭中，小芳曾向台下的觀眾説：「有一個人我很想多謝的，那個就是鄧媽。」

　　台下的鄧媽窩心得強忍着淚⋯⋯

　　鄧媽是一位職業治療師，小芳在小學五年級開始，已經是她的學生，「最初看到小芳，老實説，確實有點緊張，因為我從未接觸過如此嚴重的傷殘個案，亦不知從何入手教導這位學生。但甫開始，已經發現她與其他個案不同，小芳沒有一絲負面情緒，正如有一次談論學校的成績，她便説：『如果拿不到 A，那拿 B 亦不錯啊！』我就是喜歡她這樣子，積極樂觀的心態對日後的治療亦很有幫助。」

　　當時鄧媽的首要任務是要令小芳可以獨立生活，能自理所需，所以，鄧媽便要先清楚小芳的日常生活習慣及方式。慶幸有一次，小芳需要與其他運動員前往上海，她的媽媽和妹妹剛好沒有空陪伴，鄧媽便成為了臨時保姆，有機會好好了解小芳和跟她詳談關於她的治理問題。

大家有沒有想過，每天使用八達通乘搭巴士、港鐵，這個看似易如反掌的動作，對沒有雙掌的小芳來說曾是一件令她非常苦惱的事情？鄧媽曾幫助她設計了一個八達通套，用橡筋縛在褲腳上，但後來發覺這只適用於乘搭港鐵，如果小芳上巴士、小巴時啪卡，即使她可以單腳離地去啪八達通，但在行車途中如此啪卡便可能會產生危險。後來，她們想到把卡套縫在胳膊的位置，這可方便得多了。

　　大家又有沒有想過，每天洗澡換衫這些簡單動作，對失去整對手臂的小芳來說也曾是一件極之煩惱的事？經過多次嘗試（與失敗），鄧媽與小芳合作「研發」了兩套穿褲及穿衣工具。一件工具是勾在水龍頭的掛勾，小芳用它便可以自行穿褲。而另一件工具是一個有吸盤功能的毛巾架（隨時可裝可拆），小芳能藉它借力穿衣。由於小芳經常需要外出比賽及主持畫展，所以她每次都會帶備這兩套工具。但太長的毛巾架會礙於收藏，小芳無奈地笑說：「有一次離港過海關時，關員拒絕我攜帶這支毛巾架登機，理由是這支毛巾架屬於攻擊性武器云云。」於是，小芳回港後便四出尋找，最後發現在深水埗一間家庭用品店裏有一支較短的吸盤式毛巾架，及後再經過多次改良，製成了更方便使用的工具，鄧媽與小芳都興奮不已。

　　縱使別人看似微不足道的問題，對小芳而言也曾經歷多番嘗試及失敗，但人生路上又豈止得生活自理的困難？面對朋友、家人、感情、學業、工作及處世等等問題，對一個健全的青少年來說也是挑戰，對小芳來說更可能是非一般的挑戰。惟鄧媽仍舊抱着微笑，充

滿信心道：「小芳相比同齡的青少年早熟，她很明白自己的能力及強項，並一早已經開始為自己鋪路。她懂得主動查問哪裏學畫畫較好，一早決定了將來升學的取向，這不但讓楊媽媽很放心，還為自己及早訂立好學習和發展方向。加上她那股堅毅心，我對她的將來充滿信心。」

雖然鄧媽對小芳很有信心，但筆者看出她仍有點不放心，正如她語重心長地說：「我希望她將來可以實踐理想，做一個設計師，但立志容易，堅守難，社會上有太多誘惑，困難往往不在雙手，而在人事，希望她可以『堅其志，苦其心，勞其力，事無大小，必有所成。』」

鄧媽曾說，一位職業治療師要與治療對象保持距離，不能表現得高姿態，以免影響專業。縱使鄧媽沒有在行為上表現，但筆者已看出她已當了小芳是自己的摯友，甚至是自己的女兒。

給小芳的話

妳儘管出去闖吧！因為將來就算妳遇上多少困難，都可以回來找鄧媽⋯⋯隨時都可以。

永遠的好孩子

受訪者：

陳慧老師

香港名家藝術中心前任院長

　　筆者記得第一次與小芳用餐，就被她的神乎其技所吸引：在茶餐廳吃車仔麵時，她把右腳遞上，用腳趾公和第二隻腳趾拿着筷子，靈巧地夾起魚蛋吃了起來，筆者問：「要加辣椒油嗎？」轉眼間她已放下雙筷，拿着匙羹舀起來。突然看到 whatsapp 有信息，她又連忙放下雙筷，把手機放在椅上，用腳趾操縱屏幕鍵盤。轉眼間不知如何，又見她在講電話了⋯⋯

　　當晚回家，筆者把一張白紙放在地上，用腳趾夾着原子筆嘗試寫上自己的名字，原來單是把原子筆夾在適當的位置已花了不少時間。在書寫期間，由於要用腳跟固定腳趾位置，所以紙張容易移位，故必須用另一隻腳固定，至於紙上那三個形似甲骨文的名字，已經看不出是什麼來了。而且身體由於過分繃緊，腳趾突然抽起筋來，只是一會兒，已經覺得十分勞累，整個人攤在沙發上了。

　　筆者望着天花板，心想：「究竟小芳要練習多久，失敗過多少次，經歷過多少，才可以寫好字、畫好畫，甚至開畫展？」

　　陳慧老師自二〇〇六年認識小芳後，便決意邀請她學習畫畫。陳慧老師托一托眼鏡，

回憶起來：「其實最初認識小芳時，我怕她，她也怕我。我怕她是因為怕她不答應我前來學習畫畫；她怕我，到後來才知道她最初原來以為我很嚴肅、很難相處。直到一天，她真的來到我的畫室，我才放下心頭大石，亦決心要教好她。」

陳慧老師的視線一直注視着坐在對面的小芳，依舊保持慈祥的微笑：「小芳很好、很乖。記得那次去多倫多參加畫展，有一位同行者叫劉媽媽，她中了風，坐在輪椅上，只有一隻手可以活動。但小芳真的很懂得照顧別人，給她扣耳環、晚上又會幫她拉筋，又指導其他人如何把坐在輪椅上的劉媽媽安全推上樓梯⋯⋯那時候我正要為當地傳媒寫專欄，她還替我打字，讓我可以立時修改，在截稿時間前交稿。我在想，小芳與其他同齡和健全的青年人根本沒有啥分別⋯⋯甚至更好。」

「小芳很有才華⋯⋯」陳慧老師似乎停不了繼續說道，「而且是多方面的。她做過DJ，唱過歌，而且行過 Cat Walk，說話技巧亦很了得，她在設計方面亦很有潛能。小芳可以在普通的生活小節上，想出一些小發明，方便自己，同時方便其他人。例如她做一些方便攜帶的穿衣服及穿褲子的器具，不會容易脫落的泳鏡，甚至跑步器等。這些小發明其實很有市場，正如我在廣州的講座中，便認識了很多傷殘朋友，他們非常渴求這些可以方便自理生活的小工具。事實上，現在的中國開始重視傷殘人士，社會對他們的看法也開始改變，他們亦多了『出來』活動，相比香港，這方面的市場需求是十分龐大的。」

然而，陳慧老師亦道出了對小芳的憂慮：「小芳沒有雙臂，每次她畫畫便要盡量彎下身，把重心向下移，支撐身體的重量便集中在腰間，長期來說會對她的身體造成負擔。雖然我很滿意小芳的畫作，但她斷不能以後都這樣畫下去……我只想她有一個健康的身體。所以說到將來，我希望她集中精力，在設計方面下功夫，例如做與藝術有關的工作，設計傷殘人士使用的產品。因為她是過來人，可以從實用的角度真正了解用家需要，加上她有藝術觸覺，這對她未來的發展很有幫助。」

　　及後，興之所致，小芳簡單地在地上寫了一個「道」字，這時陳慧老師毫不介意的跪在地上，用心地去幫助小芳磨墨，鋪起墊布、畫紙等。正是因為她了解到小芳的困難，明白到這個孩子經歷過太多，她無私的心願只是希望這個孩子日後可以過得好一點，繼續快樂的人生。在陳慧老師的心目中，她跟小芳早已不再是老師與學生的關係。在她的心中，小芳是一個真正的好孩子，永遠的好孩子。

給小芳的話

千錘百練是好鋼，
在苦難中成長的是好孩子。

不一樣的擁抱

受訪者：

翁偉微

導演

「認識了小芳後，我再也不會喊拍戲辛苦了。」翁導認識小芳的日子不算長，但自第一次在觀塘 Starbucks 相聚短短兩三小時後，已決心為她開拍新戲，因為她的故事足以影響身邊的每一個人，包括翁導自己。

還記得那次在水塘上取景，拍攝微電影《再飛的天空》跑步的一幕。當日下着微雨，路上十分濕滑，小芳先要跑上百多級高而斜的石階，再沿着水塘路跑，完成後翁導連忙問她：「不是很辛苦嗎？為什麼妳還可以一邊跑一邊笑？」小芳微喘着氣答道：「不會，我不會覺得辛苦，所以不能裝着辛苦，因為我真心覺得很開心才會笑。」正當翁導還擔心下雨天可能影響拍攝效果，石階會令沒有雙臂的小芳失去平衡而滑倒，以及拍攝過程令她的身體造成負擔，原來這些對小芳來說都不是問題，她的笑容就可證明一切。

翁導希望這齣微電影可以感染更多人，於是拍攝完成後走訪了多間香港及澳門的中小學，並舉行導賞會，由小芳做演講嘉賓，分享經歷。翁導在導賞會提出了一些問題，讓同學反省思考，例如：「在小芳最後一次手術前，她聽到爸爸媽媽與醫生的對話，爸爸說不

要救了，但媽媽則痛哭甚至跪在地上乞求他和醫生一定要救回小芳。如果換了是你，你會否憎恨爸爸？」這個假設性的問題，令台下的同學們都十分雀躍，而他們有很多幽默和惹笑的答案，但最重要是希望透過小芳的真實經歷，灌輸正面樂觀的信息予新一代。例如有些同學會答：「當然恨啦，我死了，大家一定會覺得很可惜。」「真的很浪費金錢，倒不如就這樣死掉，錢留着，讓家人好好過下輩子……否則錢全花掉，而我又救不回來，那我死也不會安樂啦！」

其實小芳最初的確有憎恨過爸爸，但她後來才知道，爸爸當時深深地明白在大陸的社會裏，很多人都看不起傷殘人士，小芳以後的日子會十分難走。她明白到爸爸想的，只是為着女兒的將來，不忍心她將來承受更多的苦難。想到爸爸的用心，小芳的意志更加堅定，最後不但原諒了他，更從此決心照顧好自己，照顧其他人。

事實證明，她做到了，甚至比還有雙臂的時候做得更好、更多。翁導說：「她重新振作之後，第一時間就是做一些不太需要運用雙手的運動來鍛煉自己，肯定自己，例如：踢足球、長跑及三項鐵人賽。她又克服了心魔，走進泳池學懂游泳。她甚至擅長茶道、攝影、繪畫、設計。她不只是參與，還在各項目上都有很好的表現，代表香港取得的不同運動項目的獎牌。她的才能得到多方面的發展，亦得到了認同。」翁導補充說：「記得導賞會前，香港曾接連發生了學生自殺事件，所以導賞會意義更大。而最令我難忘的是，當我問同學

如果有一雙手會做什麼的時候，有同學說：『我想擁抱一下小芳姐。』就這樣，一個接一個，越來越多人走出來與小芳擁抱。有同學前來鼓勵、欣賞小芳；有同學多謝小芳的啟發，答應會更珍惜生命；更有同學哭了，場面真的令我十分動容……」

翁導停了一會，繼續說：「有一次聽到小芳說，如果時光可以倒流，可以再選擇，她也寧願繼續失去雙手，因為自此以後，她學到更多，得到更多。我聽了，感覺很震撼……誰願意失去雙手？如果有選擇，她也不會再要那雙手，這是何等激動生命的說話！小芳就是這樣永恆樂觀的人。這也給了我額外的力量，在拍攝電影時再也不會說『很難啊！』、『很辛苦！』之類的說話，這是我從小芳身上得到的一種啟發。」

給小芳的話

失去變生趣，小芳，謝謝你這生命奇蹟，
請繼續發光……年年歲歲……！

曾經封閉自己

受訪者：

楊媽媽、妙妙、小莉

回家的路不好走。

這是筆者第一次前去小芳的家做訪問時的感覺。離開油塘港鐵站步行 20 分鐘後，先穿過稠密的民居，再沿着九曲十三彎的小路上山，當中的石級高而窄。當筆者喘着氣，低着頭，慎防踏空的時候，走在前面穿着拖鞋的小芳妹妹小莉，已氣定神閒地説：「到了。」這時才抬起頭來，冒着冷汗。

楊媽媽比我想像中和藹，經常露出兩排雪白的牙齒，不斷説：「隨便坐、隨便坐。」還有在腳邊搖着尾巴、不斷嗅着我的小狗妙妙。閒聊時，她們憶述了小芳兒時的意外，都收起了笑容説：「那時在大陸，沒有嚴格規定電線要包裹膠套。一天，她與弟弟在天台玩，其中一條電線掉下來，兒時的小芳用左手一執，頓時燒傷暈倒，並立刻送入醫院……」小莉説，「隨後連右手也開始被細菌感染，兩臂需要進行多次的切除手術。拖了很長時間，大陸的醫院，留院越久，賺錢越多，不可靠！」就是這樣，沒有了雙臂的小芳開始了另一段生活。

平日樂觀開懷的小芳，亦曾有陰暗的一面，小莉説：「從醫院回來後，她十分封閉自

己，不願意外出，終日留在家中。幾個月以來，都不敢離家半步，畏懼的就是別人的目光，就連好朋友來探訪，都很害怕他們會以什麼看法和態度對待自己。我和細佬唯有每天放學都準時回家與她玩，希望多些時間陪伴她……她始終都是我們的家姐嘛！直至二〇〇三年來到香港，相信了基督教（二〇〇七年），才開始放開自己，就如她現在一樣。」

常言道「對人歡笑背人愁」，小芳會是這樣子嗎？小莉想了想：「她有時也很暴躁，又會發脾氣，不願意聽人家的說話。她又愛話事，家中的事都愛主理，而且有時語氣不太好，尤其是剛起牀的時候，我間中也會詐作聽不見，不理睬她。」筆者也是第一次聽到小芳被批評，但這是她的另一面。小芳不是聖人，每人都會有缺點，家人間相處產生磨擦，誰人不會？女孩子發脾氣，哪個不會？但正如小莉說：「她始終都是我們的家姐。」一切就是那麼的自然、真實。

縱使說過小芳的不是，在小莉的心目中，她仍然是值得尊敬的，「有時我很羨慕她，羨慕她十分健談，因為她對什麼人也可以『傾一餐』。有時搭車行街，一些路人在電視上看過家姐，認得她走來打招呼，大家便會對談起來。又例如每當和朋友坐在一起，遇上冷場的時候，她又會帶頭打破沉默，甚至主導氣氛，令其他人都很願意和她說話。」

這裏很少提到楊媽媽，因為她總是坐在旁邊說自己不懂得說話，但一直流露出的都

是幸福的笑容。談到女兒的將來，她說的話也不多，「將來？她畫畫很漂亮，希望她畫的畫可以發揚光大⋯⋯做公司老闆，可以自立⋯⋯隨自己的想法去做就可以了。」「小芳二十五歲了，有沒有與妳談過感情問題？妳希望她何時結婚？」筆者一問，楊媽媽更加笑逐顏開，「結婚？隨緣便可以了，哈哈哈⋯⋯」再追問小莉，她也尷尬起來，「其實我們之間沒有談到這些，唔⋯⋯都是隨緣吧！找到一個愛她的已經可以了。」還是套不出小芳的感情事，筆者亦只好收口了。

家是人的基本，是人在外奮鬥的發力點。縱使小芳失去了雙臂，但她得到家人（和小狗妙妙）的體諒、支持、鼓勵。縱使人生路已經不好走，但每天回家後都會得到充電，重新注入樂觀進取的新能量，這或是小芳每天都可以帶着笑容迎接新挑戰的原因。

給小芳的話

開公司⋯⋯開心就可以了！（楊媽媽）

汪！（妙妙）

做自己喜歡做的事！（小莉）

不會排憂的神人

受訪者：

黃凱欣（Kobe）、黃少君（Karen）、尹嘉茵（Wan Wan）、陳茜珩（西瓜）

四位小芳的好朋友，或者不是相識時間最長的四位，但她們一致認為她是一位神人！

小芳最特別的地方，不是沒有雙臂，而是她的行為和內心。她文武雙全，繪畫、茶藝、唱歌、長跑、跳遠、游水、踢毽、踢足球無一不曉，這已經不是一個平常人容易做到，「我還很佩服她身體的柔軟度，或者這和她喜歡運動有關吧！第一次與她共餐時，看到她用腳吃飯已經覺得很『神』，她還可以夾着紙巾……抹鼻涕！我看呆了！」西瓜說到這裏，大家都捧腹大笑起來。其實小芳與其他同齡的青少年愛玩的性格完全沒有分別，正如西瓜和 Wan Wan 說：「她喜歡大自然，上次便與她一起到石壁、南生圍拍照。她經常扮型，又喜歡 Chok 樣、戴假眼鏡（無鏡片眼鏡）、玩自拍，又喜歡拍一些滿有詩意的相片。與她相識久了，一切都變得很自然，直至有時與她一起吃飯，才記得她沒有了雙臂。」

或者小芳自己對失去雙臂也覺得不是怎麼一回事，西瓜憶述：「小芳很喜歡到不同的課室探班，就算沒有她要上的課堂，她都會突然出現與同學聊天。記得當日是情人節，小芳對着其中一位同學笑說：『我要和妳分手了！』那位同學隨即戲言：『妳沒有手，怎分

142

手？』最初還以為這個玩笑開得太大了，但小芳隨即大笑起來，周圍的同學亦笑了。這是因為小芳『睇得開』，才可以接受這類玩笑，換了其他人，氣氛可能已經僵住了。」

「記得我們在一個網上論壇相識，期後在 MSN 互相聯絡。初時我根本想像不到她是沒有手的，因為她打字的速度快得驚人，而且從文字間的往來，不會察覺她有任何負面情緒，我只會接收到她積極、開心的一面。她也不會只顧及自己，更願意為他人付出。」跟小芳相識了七年的 Wan Wan 說，由於現在沒有了 MSN，她們少了聯絡，Wan Wan 亦知道小芳為了功課、考試、比賽、工作已弄得十分疲累。即使如此，其他朋友有時需要小芳的幫忙，她依然一口答應，還能貫徹諾言，確實難得。

Karen 點頭說：「我是在一個分享講座中認識小芳，從她的身上得到很多。其實我之前都有很多問題，亦經常求教小芳，而每次她亦很願意幫助我，開解我。或者彼此的家庭都有點問題，她經常用她的處境鼓勵我，不斷傳給我正能量。雖然我經常說她『白癡』，但其實我很敬佩她，因為她有一顆自強心，讓我認識生命，珍惜生命。」

然而，最少說話的 Kobe 似乎最能看透小芳的另一面：「我會說她不是一個正常人，因為她其實是神人，做到比一般人更多的東西，又懂得關心別人，但可能因為這樣，她很少與我們談及她的問題。」Karen 和議道：「其實我知道她也有不開心的時候，但她會收

藏起來。」西瓜也説：「上星期有朋友生日，她不理會自己有多忙，充當了聯絡人，生日的主角高興極了，但我覺得她有時只顧着朋友，卻忽略了自己。」

　　聖人也有缺點，也有需要幫助的時候，何況是「神人」？在發放正能量的同時，還要學習與其他人分擔自己的困難，因為筆者相信，只要小芳懂得分享，同時懂得排憂，她身邊的朋友絕對會義不容辭，全力支持，就如小芳無條件地為朋友付出一樣。

給小芳的話

走出自己框框，打開心扉。（左起）（Kobe）

有什麼都可以與我分享，有不開心的都可以跟我説。（Karen）

婷婷，專心機讀書！（Wan Wan）

妳今次找我是沒有錯的，我不介意妳以後繼續找我啊！（西瓜）

足以自豪 Stand Tall

作　　者：　　楊小芳
協作、責任編輯：朱維達
設計製作：　　特藝印務有限公司
封面攝影：　　陳盛臣
出　　版：　　新雅文化事業有限公司
　　　　　　　香港英皇道 499 號北角工業大廈 18 樓
　　　　　　　電話：(852) 2138 7998
　　　　　　　傳真：(852) 2597 4003
　　　　　　　網址：http://www.sunya.com.hk
　　　　　　　電郵：marketing@sunya.com.hk
發　　行：　　香港聯合書刊物流有限公司
　　　　　　　香港新界大埔汀麗路 36 號中華商務印刷大廈 3 字樓
　　　　　　　電話：(852) 2150 2100
　　　　　　　傳真：(852) 2407 3062
　　　　　　　電郵：info@suplogistics.com.hk
印　　刷：　　中華商務彩色印刷有限公司
　　　　　　　香港新界大埔汀麗路 36 號
版　　次：　　二〇一四年七月初版
　　　　　　　10 9 8 7 6 5 4 3 2 / 2015